AF567626

Von Torfköppen und Moorbuben

Geschichten über Moore in Norddeutschland

Foto: © Nicole Mihelic, Celle

Karin Sohnemann
wurde 1960 in Hannover geboren. Ihrem Wohnort Celle und der Lüneburger Heide fühlt sie sich weit mehr verbunden. Sie arbeitet als Gästeführerin und freie Autorin. Einige Texte zur Regionalgeschichte hat sie bereits veröffentlicht.

Heike Bloom
wurde 1958 in Köln geboren und wohnt seit über 40 Jahren im Celler Land. Sie arbeitet freiberuflich als Gästeführerin. Als Autorin befasst sie sich mit Regionalgeschichte im norddeutschen Raum.

Von Torfköppen und Moorbuben

Geschichten über Moore in Norddeutschland

erzählt von
Heike Bloom und Karin Sohnemann

Edition Falkenberg

Zu diesem Buch

Firmenbezeichnungen, Namen und Handlung sowie einige Ortsbezeichnungen sind frei erfunden. Sollten Parallelen zu wirklichen Ereignissen und realen Personen bestehen, so ist das rein zufällig und von den Autorinnen nicht geplant. Einige der vorgestellten Sagen werden in ganz Europa so oder ähnlich erzählt. Jede Region hat dabei eigene Versionen herausgebildet. Andere Geschichten in dieser Sammlung sind eigene Erzählungen.

Titelzeichnung: Peter Fischer, Winkeldorf

1. Auflage 2022

ISBN 978-3-95494-289-3
www.edition-falkenberg.de

Inhalt

Geleitwort

Beim Griff zu diesem Buch haben Sie sich vielleicht die Frage gestellt: Gibt es in Deutschland überhaupt noch Moore? Diese Frage lässt sich leicht beantworten: Ja, es gibt sie, und ihre Bedeutung ist größer denn je. Die deutschen Moore haben heutzutage allerdings nicht mehr viel mit den nassen Sumpflandschaften gemein, über welche unzählige Sagen und Mythen geschrieben wurden und werden.

Was einst mit Handtorfstichen und dem Anlegen von Dörfern und Feldern für arme landlose Bauern begann, mündete im Laufe des letzten Jahrhunderts im industriellen Torfabbau und der großflächigen Kultivierung, der einst einzigartigen Ökosysteme. Naturnahe Moore sind daher größtenteils aus dem Landschaftsbild verschwunden und nur noch als einzelne Mosaike vorhanden. Die heutigen Moore liegen unter land- und forstwirtschaftlichen Flächen in Form von Moorböden versteckt.

Im Gegensatz zu dem landschaftlichen Erscheinungsbild sind die Vorstellungen und Assoziationen, die Menschen zu Mooren haben, erhalten geblieben. Das vorliegende Buch greift diese auf und lässt Sie eintauchen in die Welt der Moore. Mit detailreichen Erzählungen werden die verschiedenen

Blickwinkel, Ängste und Hoffnungen der Moorbewohner und -anwohner beleuchtet. Es wird dabei deutlich, dass die oft schon über mehr als hundert Jahre bestehenden Konflikte zwischen ökologischen und wirtschaftlichen Interessen heute aktueller denn je sind.

Dr. Ullrich Dettmann
wissenschaftlicher Mitarbeiter
in der AG Moorforschung am Thünen-Institut
für Agrarklimaschutz, Braunschweig

Steckbrief Moor

Dieses Buch soll keine wissenschaftliche Abhandlung sein. Gleichwohl ist es unser Bestreben den Lesenden die Augen zu öffnen für die faszinierende Welt der Moore und ihre Fragilität, wenn es um Klimaschutz und die Erhaltung eines ökologischen Gleichgewichtes geht.

Intakte Moore sind die erste Instanz, wenn es um den Kohlenstoffspeicher unseres Planeten geht. Erst an zweiter Stelle liegen die Wälder. Moore machen drei Prozent der Landfläche aus, speichern aber dreißig Prozent dieser erdgebundenen Gase. Trockengelegte Moore geben enorme Mengen von klimaschädlichem Kohlendioxid und Lachgas an die Atmosphäre ab.

Die ältesten Schichten unserer Torfvorkommen sind über 12.000 Jahre alt. Das Trinkwasser in Niedersachsen speist sich aus den Grundwasservorkommen. Moorlandschaften sind also relevant für unser Wasserreservoir. 97 Prozent des Wassers auf der Erde stammt aus den Ozeanen, kaum drei Prozent der Wasservorkommen sind trinkbares Süßwasser.

Moore wachsen sehr langsam. Der Zersetzungsprozess dauert Jahrtausende. Der jährliche Torfzuwachs im Moor liegt bei nur einem Millimeter!

Niedermoore entstehen durch Verlandung und Versumpfung von Seen und Flussläufen. Sie werden vom Grundwasser gespeist und sind reich an Nährstoffen. Durch Entwässerung wurden Niedermoore seit Jahrhunderten den landwirtschaftlichen Flächen einverleibt, so haben sie an Substanz verloren. In Deutschland werden sie zur Torfgewinnung nicht genutzt.

Hochmoor bildet sich auf undurchdringlichem Mineraluntergrund oder auf Bodenverdichtungen aus Ortstein, manche Hochmoore sind auch auf Niedermooren gewachsen. Diese Moore wölben sich zur Mitte hin uhrglasförmig auf und sind nährstoffarm. Dort wachsen hochspezialisierte Pflanzen. Gespeist wird ein Hochmoor nicht vom Grundwasser, daher sind Regenfälle die Voraussetzung für einen Zuwachs an Torf. Zur Hochmoorvegetation zählen Moosbeere, Sonnentau und Wollgras. Torfbildende Pflanzen sind vor allen anderen Wollgras und die sogenannten Sphagnen, Torfmoose. Diese haben eine Wachstumsrate von jährlich zwanzig Zentimetern und mehr. Sphagnum ist ein erheblicher Wasserspeicher und es ist als nachwachsender Rohstoff nicht zu unterschätzen. Bedingt durch den niedrigen PH-Wert und die Sauerstoffarmut können nur angepasste Sumpfpflanzen gedeihen.

Eines haben beide Moore gemeinsam, sie haben eine ganz besondere Artenvielfalt sowohl in der Pflanzen- als auch in der Tierwelt und sie hören nicht auf zu wachsen.

Treibhausgase im Zusammenhang mit dem Moor? Fakt ist, dass Pflanzen Kohlenstoff aus der Atmosphäre aufnehmen und durch Photosynthese die Versorgung ihres Wachstums sichern. Zerfällt eine Pflanze wird der Kohlenstoff vom Sauerstoff aus der Luft herausgelöst. Beide gehen eine chemische Verbindung ein und es entsteht Kohlendioxid (CO_2). Pflanzenreste im Moor hingegen versinken, dort wird der Kohlenstoff gebunden, denn es gibt keine Luftzufuhr. Bei der Trockenlegung eines Moores und dem Torfabbau wird Kohlenstoff in großen Mengen freigesetzt, CO_2 entsteht. Ebenso wird im Torf gebundener Stickstoff freigesetzt, der sich mit Sauerstoff in klimaschädliches Lachgas verwandelt. Allerdings sondert auch ein intaktes Moor das Treibhausgas Methan ab.

Sieht man die Verhältnismäßigkeit dieser Klimaschädiger an, ergibt sich laut einer EU- Berechnungstabelle Folgendes: Als Maßeinheit bezogen auf jeweils eine Tonne ist Lachgas 298 mal und Methan nur 25 mal schädlicher als Kohlendioxid. Somit werden Moore als klimaneutral eingeordnet. Sie sind die einzigen Ökosysteme, die langfristig Kohlenstoff und Stickstoff speichern können.

Die Politik

Es ist kaum dreihundert Jahre her, dass die Landesherrschaft sich die Urbarmachung aller Feuchtgebiete auf die Fahne geschrieben hatte. Bis in das 20. Jahrhundert hinein war völlig unklar, wieviel Schaden man dem Ökosystem damit zugefügt hatte.

Fünfunddreißig Prozent aller Moorflächen der Bundesrepublik befinden sich in Niedersachsen. Geht es allein um Hochmoorgebiete, punktet Niedersachsen mit einundachtzig Prozent. Das umfasst die echten Hochmoorböden sowie überdeckte und tiefgepflügte. Die Moorfolgeböden sind nicht unterteilt und nicht eingerechnet. Somit liegt das Zentrum deutscher Torfindustrie in Norddeutschland.

Für den Abbau von Weißtorf werden in Deutschland keine Genehmigungen mehr erteilt, die vorhandenen laufen aus, so wird für unsere Humusindustrie ein Großteil aus dem Baltikum importiert. Zur Bedingung machte man eine Wiedervernässung vor Ort. Diese sollte durch Bankbürgschaften sichergestellt werden. Ob dieser Plan immer in die Realität umgesetzt wird, ist fraglich. Der Torfabbau ist seit 1913 einer staatlichen Regelung unterworfen, freilich gibt es immer etwas nachzubessern. 1981 wurde das Bodenabbaugesetz in das Niedersächsische Naturschutzgesetz aufgenommen. Damit waren erste Schritte für Moorschutzprogramme getan. Bald war eine Wiedervernässung abgetorfter Bereiche gesetzlich vorgeschrieben.

Seit 2016 gibt es die Global Peatlands Initiative als Teil eines Umweltprogramms der Vereinten Nationen.

Die Ampelkoalition unserer Tage nimmt den Schutz der Moore sehr ernst. Umwelt- und Landwirtschaftsministerium werden von den Grünen geführt. Innerhalb der nächsten zehn Jahre sollen schädliche Mooremissionen um fünf Millionen Tonnen verringert werden. Sechzehn Bundesländer stützen den Vertrag. Bisher bremsen EU-Gesetze den Erfolg. Es gibt Flächenprämien und Bonuszahlungen auch dann, wenn klimaschädliche Milchviehhaltung oder der Anbau von »Moorkartoffeln« oder »Moorrüben« auf nicht fachgerecht wiedervernässten Flächen stattfinden.

In den nächsten zehn Jahren möchte das Umweltministerium 48 Millionen Euro in vier Pilotprojekte zum Thema Schutz der Moore bereitstellen. Wollen wir dem Pariser Abkommen und dem Klimaziel der EU gerecht werden, müssten bis 2045 alle Moore in Deutschland renaturiert werden.

Die Wiedervernässung dieser sensiblen Ökosysteme ist schwer zu verwirklichen. Soll ein moortypischer Wasserhaushalt wiederhergestellt werden, erfordert das immensen Aufwand. In der konventionellen Landwirtschaft wurden über Jahrhunderte Wiesen trockengelegt. Welcher Landwirt möchte diese Agrarflächen gern hergeben? Küsten- und Hochwasserschutz sind zu beachten. Das Aufstauen von Gräben, das Beseitigen von

Drainageeinrichtungen, der Rückbau künstlicher Wasserläufe spielen dabei eine Rolle. Die Landwirtinnen und Landwirte der betroffenen Regionen müssen um ihre Existenz fürchten.

Durch Paludikultur (lat. palus = Morast, Sumpf) sucht man neue Verfahren der Energiegewinnung aus Biomasse in Feuchtgebieten. Gerade entwickelt sich ein neuer landwirtschaftlicher Zweig mit dem Ziel, Pflanzen auf Moorböden, in Feuchtgebieten oder auf wiedervernässten Flächen zu kultivieren. Zur Nutzung im Gartenbau geht es um die Erzeugung von Alternativprodukten zum Torf. Man gewinnt solche Kultursubstrate durch gezielten Anbau von Torfmoosen.

Rohstofferzeugung, um Dämmstoffe und Baumaterial zu erhalten, geschieht durch gezielten Anbau von Seggen, Schilf, Rohrglanzgras oder Schwarzerle.

Ein interessanter Wirtschaftszweig ist der Anbau von Heilpflanzen wie Fieberklee oder Baldrian.

Die wachsende Weltbevölkerung braucht Rohstoffe. Deren Gewinnung kann niemals ohne eine Störung unseres Ökosystems geschehen. Die moderne Wissenschaft hat sich zum Ziel gesetzt, den Schaden so gering wie möglich zu halten.

Dieser Aufgabe widmet sich das Forscherteam im Moorzentrum Greifswald, wo dazu umfangreiche Experimente laufen.

Wer braucht denn Torf?

Bis in das 19. Jahrhundert hinein geschah der Torfabbau von Hand und nur für den Eigenbedarf zur Feuerung und zum Erwirtschaften von Mineraldünger durch abgebrannte Moorflächen. Das Vieh wurde zum Weidegang in die Wälder und Auen getrieben, so ging der wertvolle Dung verloren. Man versuchte die Ackerkrume mit Torfasche aufzuwerten. Als sich die Stallhaltung durchgesetzt hatte, war durch geringen Getreideanbau zu wenig Stroh vorhanden, so nutzte man Torf und Heideplaggen als Einstreu. Zurück blieb jeweils die blanke Erde, bar jeder Humusschicht. Torfschichten, die sich seit Menschengedenken aufgebaut hatten, gingen auf ewig verloren.

Pflanze, Tier und Moor

Moore sind die Kronjuwelen des Naturschutzes. Zudem weisen sie eine große Artenvielfalt auf. In den Gräben, Teichen und feuchten Vertiefungen, sogenannten Schlenken, findet man Fische, Kaulquappen, die Larven der Torf-Mosaikjungfer und Kleinstlebewesen. Wie überall in der Natur gilt hier das Prinzip: »Fressen und gefressen werden.« Die anspruchslose Fischart Karausche, auch Moorkarpfen genannt, ernährt sich von Wasserpflanzen und Mückenlarven. Kaulquappen bevorzugen Algen, aber auch Aas und Laich von Lurchen. Die

Libellenlarve der Torf-Moosjungfer, frisst kleinste Wassertierchen, manchmal aber auch Kaulquappen. Am Teichrand schaut öfter der Iltis vorbei. Er lauert auf Fische und Kaulquappen.

Im Wasser treibt der Wasserschlauch. Nur zur Blütezeit von April bis Oktober befinden sich an dem Gewächs Stängel und Blüten über der Wasseroberfläche. In den restlichen Monaten ist es eine Unterwasserpflanze. Die gelben, glockenartigen Blüten locken Torf-Schwebefliegen an, welche die Bestäubung vornehmen. Unter der Wasseroberfläche befinden sich verzweigte Triebe von bis zu einem Meter Länge. An ihnen befinden sich feine, aufrechtstehende Blättchen. Daran haften tausende von kleinen Fangblasen. Berührt ein Wasserfloh die Borsten einer Blase, saugt sie ihn blitzschnell in sich auf und presst das vorhandene Wasser heraus. Verdauungsenzyme zersetzen die Beute. Der Gemeine Wasserschlauch steht auf der Roten Liste der Farn- und Blütenpflanzen.

Es gibt noch weitere fleischfressende Moorpflanzen, deren Beute als zusätzliche Stickstoffquelle dient. Das Fettkraut besitzt fettig glänzende Blätter. Fliegen und Mücken lassen sich darauf nieder und bleiben an ihnen kleben. Ihre Körper werden durch eiweißverdauende Fermente aufgelöst. Der rundblättrige Sonnentau ist ebenfalls ein Überlebenskünstler, da er sich den Gegebenheiten des stickstofffreien Moores angepasst hat. Seine Nitratquelle sind Insekten. Die grün bis purpurfarbenen, in Rosetten angeordneten Blätter der Pflanze, öffnen sich nur bei Sonnenschein. Sie haben Tentakeln an deren Enden sich Tropfen mit klebrigem Schleim befinden. Insekten werden von den vermeintlichen glitzernden Wassertropfen angelockt und können sich nicht mehr aus der Klebefalle befreien. Je heftiger sie es versuchen, desto mehr Schleim umschließt ihre Körper. Die sich biegenden Fangarme befördern ihre Beute bis in die Mitte des Blattes. Es kann Stunden dauern, bis es sich schließt und das Insekt durch Verdauungssäfte auflöst. Ist die Beute gefangen und das Blatt noch geöffnet, kommt oft ein Räuber vorbei, die schwarzglänzende Moorameise. Sie muss geschickt vorgehen, um nicht selber zum Fang zu werden. Diese Ameisenart gibt es schon seit der Eiszeit. Sie überlebt Temperaturen von bis zu minus 27 Grad Celsius. Sie lässt sich nur selten blicken. Bei Sonnenschein krabbelt sie auf Bulten umher, dieses sind Bodenerhebungen im Moor aus Gras oder Moos. Die meiste Zeit verbringt sie in ihrem Nest, welches sich unter der Oberfläche des Mooses befindet. Wer genau hinschaut, erkennt diesen Standort an der weißlichen Verfärbung des Torfmooses (Sphagnum). Einen Feind hat der Sonnentau allerdings doch. Es handelt sich um die bis zu vier Zentimeter große Sumpfschrecke. Von Juli bis Oktober ernährt sich das ausgewachsene Tier von den sauren Gräsern der Moorwiesen und den Blättern des Sonnentaus. Vor der Sommerzeit hat das Tier fünf Larvenstadien durchlaufen. Eine Sumpfschrecke zirpt nicht wie andere Heuschrecken, sie gibt Klickgeräusche von sich. Die Männchen heben ihre Hinterbeine an und schleudern sie regelrecht nach hinten weg. In den Gelenken entsteht dabei ein »Klick«. Damit werden die Weibchen beeindruckt. Die Eiablage erfolgt im feuchten Boden.

Torfmoose bedecken die Oberfläche der Hochmoore. Sie haben sich der sauren Umgebung gut angepasst. Diese Pflanze hat keine Wurzeln. Der unter der Mooroberfläche liegende Teil stirbt langsam ab und zersetzt sich, aus ihm entsteht der Torf. Über der Oberfläche wächst das Moos stetig weiter. Seine winzigen Ästchen und Blättchen saugen das Regenwasser auf, wie ein Schwamm und sie können es auch speichern. Somit trocknet das Hochmoor nicht aus. Die wenigen Nähstoffe beansprucht das Moos für sich und lässt somit kaum einer anderen Pflanze einen Platz zum Überleben. Die Torfmoospflanze bildet im Sommer Kapseln mit Sporen. Bei Hitze explodieren sie mit einem Druck von fünf Bar, das entspricht dem Druck eines Lkw-Reifens. Der Wind verteilt die Sporen bis in weite Ferne. Das Moor wirkt wie ein heller, gelbgrüner Moospolsterteppich zwischen braunschwarzen Wasserlöchern. Die Uferbereiche von Moorseen können für Mensch und Tier tückisch sein. Sie bestehen oft aus einer noch dünnen Decke von ineinander verwobenen Sumpfgewächsen, man spricht von einem Schwingrasen. Oft löst er sich nachts vom Ufer und treibt an eine andere Stelle des Sees.

Die Grenze vom Hoch- zum Niedermoor erkennt man am Wuchs von Mineralbodenwasseranzeigepflanzen wie dem Fieberklee und Pfeifengras. Die gelbe Moorlilie Beinbrech wurde früher für die Knochenbrüche des Weideviehs verantwortlich gemacht. Heute weiß man, dass sie auf kalkarmen Moorwiesen wächst. Dieser fehlende Kalk in der Nahrung weichte die Knochen der Tiere auf und führte zu Beinbrüchen.

Eine bunte Blumenvielfalt findet sich in den Randbereichen des Moores. Hier gedeihen Orchideen wie das rosafarbene Moor-Knabenkraut und der Sumpf-Stendelwurz mit weißer Blüte, aber auch andere Pflanzen wie der blau blühende Lungenenzian und das Wollgras mit Blüten, ähnlich einem Wattebausch. Zur Gattung der Heidelbeere gehört die Rauschbeere. Die Raupe des Schmetterlings Hochmoor-Gelbling frisst ausschließlich die Blätter dieser Pflanze. Ein anderer Falter, der Moor-Bläuling, bevorzugt die Blüten des Lungenenzians. Eine weitere blaue Kreatur findet man bei den Moorfröschen. Diese kleine Froschart wird maximal sieben Zentimeter groß. Von der Färbung her ist sie hell- bis dunkelbraun, die Schnauze ist kurz und spitz. Zur Laichzeit verfärbt sich das Männchen blau. Es wird vermutet, dass es damit die weiblichen Frösche anlocken möchte.

Die Bulte in den Mooren bieten Schutz beim Brüten. Rohrdommel, Moorente, Kiebitz, Brachvogel, Schnepfen und Birkhuhn sind einige zu Nennende aus der Vogelvielfalt. Moortiere zeigen eine gewisse

Tendenz zum Melanismus, das heißt, sie neigen zu dunklen Farben. Sehr schöne Beispiele sind das Heiderebhuhn oder die Birkhenne. Sie brüten ihre Eier auf Grund ihrer Tarnfarben allein aus. Das Birkhuhnmännchen hat ein viel zu auffälliges farbiges Gefieder. Schwarz, weiß, blau und ein roter Kamm machen es für die Birkhenne attraktiv. Ein Schauspiel sind die Balztänze im zeitigen Frühjahr. Die Männchen imponieren den Hennen, indem sie aus dem Stand emporsteigen und heftig mit ihren hinteren und vorderen Schwingen schlagen.

Kreuzottermännchen führen ebenfalls Tänze auf, um klarzumachen, wer die Gunst des Weibchens ergattert. Die Schlangen mit der schwarzen Zeichnung auf ihrem Rücken schlängeln sich nebeneinander auf dem Boden und erheben ihre Oberkörper zum Rivalentanz. Sie umwickeln sich gegenseitig mit ihren Körpern und versuchen das Gegenüber nach unten zu drücken. Wer als erster den Boden mit dem Kopf berührt, hat verloren und schlängelt von dannen.

Viele vom Aussterben bedrohte Tiere profitieren vom strengen Naturschutz der Moore. Dazu zählt die Sumpfohreule mit ihrem starren Blick. Dieser Bodenbrüter wird bis zu zweiundvierzig Zentimeter groß und maximal fünfhundert Gramm schwer. Diese Eulenart führt stets eine monogame Saisonehe und kann zwanzig Jahre alt werden. Im Frühjahr und Herbst finden sich vermehrt Kraniche auf ihrem Weg nach Süden bzw. zurück ein. Sie nutzen den Schutz des Moores als abendlichen Rastplatz.

Die orangerote Mooshummel gehört zur Familie der echten Bienen. Sie ist überall in Europa selten geworden. In Deutschland steht sie auf der Roten Liste der sehr gefährdeten Arten. Für gewöhnlich baut sie ihr Nest oberirdisch unter Grasbüscheln oder Moos. Sie haust aber durchaus gern in verlassenen Vogelkästen. Zu einem Volk gehören fünfzig bis hundertzwanzig Tiere. Um die Brustzellen herum liegen Taschen, in denen sie die Pollen heimträgt. Offene Feuchtgebiete, Sumpfland und Moore braucht sie zum Überleben. Bevorzugte Pflanzen der Mooshummel sind Taubnessel, Zieste, Beinwell, Disteln, Flockenblume, Echtes Herzgespann, Weiß-Klee, Wicken und Heidekraut.

Größere Tiere findet man in den Randgebieten der Moore. Füchse, Rehe, Wölfe und andere Vierbeiner tragen dazu bei, dass sich Sporen und Pilze verbreiten können. Ein Beispiel dafür ist das Dungmoos. Es riecht nach Obst, wird gefressen und die darin enthaltenen Sporen werden an einem anderen Ort wieder ausgeschieden.

Je weiter man sich vom Moor entfernt, desto größer werden die Bäume. Birken, Föhren und Mooreichen sind einige von ihnen. Das Holz der Mooreiche ist durch das saure Wasser dunkel bis schwarz gefärbt.

Für die Zukunft der Moore sollte man nicht schwarzsehen. Moorschutz beinhaltet Klima-, Tier- und Pflanzenschutz. Es liegt an uns, diese Wundergärten zu erhalten.

Torfköppe

Der Maler stand schon den dritten Tag in Folge am Fehnkanal. Auch heute war seine Arbeit nicht gediehen. Er warf ein weiteres Papierknäuel in den offenen Rucksack. Missmutig erkannte er, dass ihn ein Mann beobachtet hatte, der nun auf ihn zuging. Sie waren sich auch in den vergangenen Tagen schon begegnet. Man hätte sie für Zwillinge halten können. Während der eine am Morgen die Staffelei auf die Schulter lud, tat der andere dies mit dem Stativ für seine Kamera. Sie waren sich bisher aus dem Wege gegangen, ein jeder darauf bedacht, in Ruhe seiner Arbeit nachzugehen. An diesem Morgen setzte der Fotograf sein Stativ ab und sprach ihn an: »Moin, Moin. Wieso vernichten Sie Ihr Werk jedes Mal? Motive gibt es hier doch genug.«

Der Maler fand nur zögernd eine Antwort: »Nun, ich will den wahren Charakter der Moorlandschaft auf Papier bannen. Aber ich kriege es nicht zu fassen, dieses Moor. Da sind die schwebenden Blütenköpfchen einer Feuchtwiese, die im Winde zitternden Halme, die filigranen Falter und Schwebfliegen. Da treibt zauberhafter Bodennebel über dem Wasser. Doch gleich daneben breitet sich schwarz-braune Unendlichkeit von Totholz, Torf und Moder aus. Wie kann man auf einem Bild Lieblichkeit und Hort des Fürchterlichen vereinen?«

Der Lichtbildner meinte: »Hier war eine Opfer- und Kultstätte der Germanen. Ein Weiheplatz der heidnischen Priesterinnen. Wussten Sie das?«

»Ach, tatsächlich? Unsere Großeltern nannten es ein Unland, mehr überflüssig als flüssig. Hier zu trocken, dort zu nass. Das Moor konnte dem Meer nie das Wasser reichen. Man hielt es für ein Neutrum, das stets nimmt und niemals gibt. Der Leibhaftige hatte es persönlich auf die Erde geschleudert, in sie hineingesenkt als barbarische Vorhölle, in der kein Vieh, kein Mensch sein Auskommen findet. Es ist nicht Land, nicht Wasser, weder als Weide noch als Acker konnte man es verwenden. Sucht man ein Ufer, sucht man vergebens. Tümpel im Moor sind Augen, unerhörte Spiegel einer jeden Garstigkeit. Jahrhundertelang galten die Sümpfe als Fluchtpunkt für Verbrecherbanden, Söldner, verurteilte Mörder. Die Menschheit wollte diesen Hort des Ekels und der Verwesung loswerden. Sie sprachen ihm jedes Recht der Existenz ab. Die Zerstörung der Landschaft erschüttert mich. – Sehen Sie diese Schönheit, diese Poesie. Wie soll ich das zusammen bringen?«

Eine Frau mit einem Notizbuch gesellte sich zu ihnen. Auch das noch. War dies nicht ein Ort der Stille? Hätte er vor Publikum malen wollen, dann stünde er ja vor dem Kölner Dom oder auf dem Jungfernstieg in Hamburg.

»Moin, die Herren. Poesie, das ist mein Stichwort. Ich glaube, wir drei haben etwas gemeinsam.«

Der Mensch mit der Kamera nickte der Frau beiläufig zu. Seine Antwort war an den Maler gerichtet:

»Es gilt ja längst nicht mehr als nutzloses Unland. In den Sanatorien unserer Tage singt man ein

Loblied auf das Moor. Es bietet eine himmlische Therapie für versehrte Körper und verwahrloste Seelen. Wundertinkturen aus Moorpflanzen, Moorbäder, die gnädig jede Schamesröte bedecken, und Schlammpackungen, die tröstliche Wärme spenden, stehen hoch im Kurs. Für den Klimaschutz sind intakte Moore wichtiger als unsere Wälder. Heute weiß man das.«

Der Maler knurrte: »Ist ja gut. Aber mir hilft es nicht weiter.«

Ungebeten hatte die Frau noch einen Ratschlag: »Versuchen Sie einfach, das Moor als kosmisches Riesentier zu betrachten, das seit Jahrtausenden gewachsen ist und geduldig darauf gewartet hat, uns Menschen Gutes zu tun.«

Der Mann mit der Kamera sprach: »Wir huldigen der Natur in all ihren Erscheinungsformen. Ich filme die Vogel- und Insektenwelt, ohne Urteil. Ihr Problem ist, Sie suchen für Ihr Bild nach einer Aussage, Sie möchten nicht einfach die Landschaft an sich abbilden, sondern Ihre Idee davon.«

»Sie beide glauben zu wissen, welches Selbstbild dieses kosmische Urviech hat, ja? Lassen Sie mich jetzt einfach in Ruhe malen!«

Die Frau zückte sofort ihren Bleistift und klappte das Notizbuch auf: »Entschuldigung, aber Sie sind so rechte Torfköppe. Wir wollen doch alle drei das Gleiche. Kunst und Wissenschaft sollten heute Hand in Hand arbeiten um den Leuten das Moor nahezubringen. Die Menschen werden nur schützen, was sie kennen, und wir tragen dazu bei. Jeder auf seine Weise. Sie erlauben, dass ich Ihr Gespräch in meinem Buch verwende? Und wenn Sie beide Illustrationen und Fotos beisteuern, dann wird unser Buch die Menschen wachrütteln. Einen Titel hätte ich schon: »Von Torfköppen und Moorbuben«.

Künstler am Moor

»Ich möchte die ganze Welt umarmen. Ich bin ein geborener Landschaftsmaler.« Diese Aussage von Otto Modersohn (1865 – 1943) wird bestätigt von über 6.000 Gemälden in Ölfarbe und unzähligen Skizzen. Seine Schaffenszeit betrug knapp 54 Jahre.

Seit seiner Kindheit sammelte er Eindrücke aus der Natur und hielt sie mit Blei- und Buntstiften in Malbüchern fest. Mit 19 Jahren fing sein Studium der Landschaftsmalerei in Düsseldorf bei Eugen Dücker an. Schon dort erkannte er, was für ihn das Wichtigste beim Malen war: das Verständnis, wie und was man malt, verbunden mit dem Ausdruck der Gefühle, die man dabei empfand. Dückers Gemälde und seine Maltechnik fand er öde, langweilig und leer. Es folgten einige Studienreisen und ein Wechsel an die Akademie in Karlsruhe. Dort reifte Modersohn weiter und bezeichnete sich nun als »Stimmungslandschaftsmaler«. Mit seinem Studienfreund Fritz Mackensen suchte er sich alsbald eine Gegend aus, in der sie den Sommer über Malen wollten. »In einer schlichtesten Gegend finde ich alles«, meinte Modersohn und fand diese in Worpswede und dem Teufelsmoor. Beiden Künstlern gefiel es, den Charakter des Moores und der dort lebenden Menschen in Bildern einzufangen und ihre Kunst des Malens weiterzuentwickeln. Das Gesamtensemble der Landschaft war so reichhaltig, dass beide beschlossen in Worpswede zu bleiben. Sie gründeten 1889 die Künstlervereinigung Worpswede. In der Folgezeit schlossen sich Hans am Ende, Fritz Overbeck und Heinrich Vogeler an. Ein oft gesehener Gast war der im Bremer Umland lebende Carl Vinnen.

Anhand von zwei Gemälden, die Otto Modersohn im Jahr 1889 schuf, kann der Betrachter förmlich die eingefangene Stimmung in der Gesamtheit der Landschaft spüren. Es handelt sich um die Gemälde »Hammewiesen mit Weyersberg« im Teufelsmoor und »Moordamm«. Moor, Wege, Bäume und Menschen sind mit weicher Pinselführung und einem fließenden Übergang gemalt. Es gibt keine harten Konturen.

Die jungen Maler probierten sich aus, experimentierten mit Farben und ließen sich von anderen Malern inspirieren. Ein Beispiel: Otto Modersohn und Hans am Ende besuchten im Herbst 1889 die Weltausstellung in Paris. Dort beeindruckte sie die Schule von Barbizon, die von einer Gruppe französischer Landschaftsmaler gegründet worden war. Modersohn hielt alle Erfahrungen in seinen Maltagebüchern fest. Dort stand am 27. Juni 1890 geschrieben: »Farbe! Farbe! Farbe! Ruhig kräftig, energisch, scharf erfasst: echter größter Reiz, den ich kenne. Dabei famose, originelle Motive …«

Die folgenden Jahre waren produktiv, ein jeder war euphorisch und 1895 wagten es die fünf Künstler, gemeinsam in der Kunsthalle in Bremen auszustellen. Leider bezeichnete die Presse das Quintett als »Apostel des Häßlichen«. Allerdings erwarb die Kunsthalle ein Gemälde von Modersohn, welches er im Jahr der Ausstellung gemalt hatte: »Herbst im Moor«. Die Verbindung der verwendeten warmen Farben und der Gesamtkomposition des Bildes wirken auf den Betrachter einfach faszinierend. Eine Künstlergenossenschaft aus München war von den Werken der Worpsweder beeindruckt. Sie luden die Künstler in den Glaspalast ein und dort feierten sie ihren Durchbruch als Maler. Der bayerische Staat kaufte Modersohns Gemälde »Sturm im Teufelsmoor«.

Im Laufe der Jahre änderte sich die Situation des Miteinanders. Die Fünf wurden zu Konkurrenten. Otto Modersohn fühlte sich in seiner künstlerischen Freiheit eingeengt. 1899 verließ er die Künstlervereinigung, Heinrich Vogeler und Fritz Overbeck schlossen sich an. Das hieß aber nicht, dass sie Worpswede verließen. 1897 hatte sich Otto Modersohn dort ein Haus gekauft. Heinrich Vogeler, der als »Träumer« unter den Malern bezeichnet wurde, kaufte sich die Villa »Barkenhoff«. Er empfand eine Kommune als ideale Menschengemeinschaft. Auf einer Florenzreise lernte Vogeler den Dichter Rainer Maria Rilke kennen und lud ihn in sein großes Haus ein. Rilke fühlte sich dort sichtlich wohl. Er fand Gefallen an den jungen Kunststudentinnen, insbesondere an Paula Becker, der späteren Ehefrau von Otto Modersohn. In dem Gedicht: »Von den Mädchen« lautete eine Strophe:

»Keine darf sich je dem Dichter schenken,
wenn sein Auge auch um Frauen bat;
denn er kann euch nur als Mädchen denken:
das Gefühl in euren Handgelenken
würde brechen wie Brokat.«

Die Landschaft verlor nie ihren Reiz und die Menschen aus dem Moordorf ließen sich gerne gegen einen Obolus malen. Es war ein kleines Zubrot zu der schweren Arbeit im Moor. Torf musste in Lastkränen auf den Kanälen transportiert werden, die Landwirtschaft war sehr eingeschränkt und ein hartes Brot.

Worpswede wurde eine Anlaufstelle für viele weitere (Lebens)-Künstler. Entweder konnte man von seiner Kunst leben, oder man wurde finanziell unterstützt, oder man lebte von der Hand in den Mund. Im Dorf wurde eine Geschichte von einem Kunststudenten erzählt, welcher nachts mit einem beleuchteten Kürbis auf dem Kopf, Torffahrern Angst einjagte. Sie bewarfen das vermeintliche Gespenst mit Torf, damit es verschwinden sollte.

Der Student sammelte den Torf ein und konnte damit den Ofen seiner kalten Stube befeuern.

1898 hatte Paula Becker bei Fritz Mackensen Mal- und Zeichenunterricht genommen. Ihre Familie förderte Unmengen von Kunstkursen und Aufenthalte in London, Paris und Berlin. Eine Frau durfte damals noch kein Kunststudium absolvieren. Als Grund wurde die zur Ausbildung gehörende Aktmalerei angegeben. Die Vita von Paula Modersohn-Becker spricht von einer Frau, die ihren Weg gegangen ist. Sie hatte eine abgeschlossene Lehrerinnenausbildung. Als junge Frau besuchte sie mit einem Verwandten Norwegen und lernte die Kunst von Edvard Munch kennen. Viele Studien in Paris ließen sie weitere Eindrücke von anderen Malern sammeln. Sehr beeindruckt war sie von den Gemälden des Paul Cézanne. Paula hatte eine eigene Art des Malens, die ganz anders war als die ihrer Künstlerkollegen in Worpswede. Bauernkinder hatten ausdrucklose Gesichter, Landschaften abstraktes Aussehen, die Farbgebung war ungewöhnlich. Sie malte später sogar die verpönten Akte. Otto Modersohn war wohl der Einzige, der diese neue Art des Malens in seiner Besonderheit erkannte. Er schrieb in sein Tagebuch: »Früher schätzte ich ihr Urteil, jetzt aber ihre Leistung. Verstanden wird sie von – keinem. Die Familie nimmt sie nicht ernst. Die Worpsweder Künstler fragen nicht nach ihrer Arbeit. Ich freue mich für meine Paula, die eine wirkliche Malerin ist.« Paula Modersohn-Becker starb 1907, kurz nach der Geburt der gemeinsamen Tochter. Erst nach ihrem Tod erlangte sie weltweite Anerkennung.

1908 mietete sich Modersohn in Fischerhude ein Bauernhaus. Mit seiner dritten Ehefrau wurde der Ort ab 1917 sein fester Wohnsitz. Er unternahm aber weiterhin viele Kunstreisen u.a. nach Holland. In Deutschland befand er sich oft in Franken und im Allgäu. Nach einer Netzhautablösung des rechten Auges im Jahr 1935, arbeitete er hauptsächlich in seinem Atelier in Fischerhude. Trotz seiner Sehbehinderung malte Otto Modersohn Motive der Umgebung, in der er sich stets wohl gefühlt hatte. 1943 entstand eines seiner letzten Gemälde »Abend an der Wümme«, Öl auf Leinwand. Beim Betrachten kommt ein Gefühl der Verabschiedung auf. Im gleichen Jahr starb er nach kurzer Krankheit.

Seine Grabstätte befindet sich in Fischerhude.

1974 eröffnete einer seiner Söhne, Christian Modersohn, an der Bredenau in Fischerhude das Otto-Modersohn-Museum«.

Durch das Vermächtnis von Modersohn, wird die Moorlandschaft von damals lebendig bleiben, ebenso wie es das Künstlerleben in Worpswede es bis heute ist.

Jellas Rache oder Der Junge aus dem Kayhauser Moor

Wilko weinte bitterlich. Der Bauer hatte ihn angeschrien und geschlagen.

»Nicht einmal auf die Schafe kannst du aufpassen, du Krüppel. Die Wölfe haben sich letzte Nacht drei Lämmer geholt. Ich hatte dir gesagt, wenn sie noch einmal Tiere holen, wird es dir schlecht ergehen.«

Jella, die Magd, packte den Jungen am Arm und brachte ihn in der kargen Kammer des Schuppens vor dem Bauern in Sicherheit. Diese war Wohn- und Schlafstätte für die Mutter und ihren Bastard. Der Vater des Bankerts würde ihn niemals beschützen, es war der Bauer. Die Liebe zu ihrem eigenen Fleisch und Blut verlieh ihr die Kraft, alle Demütigungen und die harte Arbeit zu ertragen. Sie wurde von allen für das Fehlverhalten des Bauern und das gehbehinderte Kind verantwortlich gemacht.

»Mutter, ich konnte die Wölfe nicht sehen. Sie müssen aus dem Moor gekommen sein, der Nebel hat sie verdeckt. Der Bauer hasst mich jetzt noch mehr, was wird er nun mit mir machen wollen?« Tränen rollten über das Gesicht des Siebenjährigen.

»Ich weiß es nicht, mein Kind«, antwortete sie und drückte den Jungen fest an sich.

Enno, der Bauer, und seine vier ehelichen, fast erwachsenen Söhne beratschlagten sich.

»Die Wölfe müssen weg und das Kind ebenfalls. Wenn die Raubtiere einen Krüppel fressen, werden sie vielleicht daran krepieren.«

»Jella sage deinem Balg, dass wir Männer heute Abend zum Moor gehen, um die Wölfe zu erlegen. Er kommt mit!«

Ennos Stimme klang ungewöhnlich freundlich, das machte die Mutter seines Bastards misstrauisch. Bis zum Aufbruch war noch ein wenig Zeit. Jella gab ihrem Sohn einen Apfel zu essen und holte für ihn eine zerschlissene Pelzjacke und einen wollenen Umhang aus der Truhe. Es wurde Herbst, die Nächte waren kühl und Nebel stieg aus dem Moor empor.

»Mein Junge, du wirst heute mit dem Bauern und seinen Söhnen zum Moor gehen. Sie wollen die Wölfe töten und du darfst dabei sein. Sind die Raubtiere erst tot, wird der Grobian sicher besser gelaunt sein. Also sei tüchtig und halte nach ihnen Ausschau, das wird allen gefallen.«

Als es Zeit war zu gehen, küsste sie ihr Kind auf die Stirn und schickte es auf den Weg. Sie sah den Männern mit ihren langen Stecken in der Hand noch einige Zeit hinterher. Wilkos letzte Worte wollten ihre Ohren einfach nicht verlassen: »Mama, ich habe Angst!«

Raschen Schrittes und ohne ein Wort zu sprechen, eilten der Bauer und sein Gefolge Richtung Moor. Der Junge hörte, wie das rhythmische Aufstampfen der fünf Holzstangen leiser wurde. Er konnte wegen seiner Behinderung nicht so schnell laufen. Bei seinem Versuch, den Anschluss nicht zu verpassen, stolperte er über eine Wurzel und fiel hin.

»Wo ist der verfluchte Bastard?«, rief der Bauer. Einer seiner Jungs schaute zurück und sah das Kind auf dem Weg liegen. Laut rief er den anderen zu: »Im Kopf scheint er auch nicht richtig zu sein, statt zu laufen, liegt er faul auf dem Boden herum.«

Wutentbrannt rauschte Enno an seinen Söhnen vorbei und zog seinen Dolch aus dem Wams. Beim Kind angekommen holte er aus. Den ersten Hieb konnte der Arm des Kindes noch abwehren, die nächsten Stiche trafen den Hals. Wilko starb.

»Er hat es nicht anders verdient«, schnaufte der Bauer. »Bindet ihn an eure Stecken und tragt ihn bis ans Moor. Wenn ihr fertig seid, kommt nach Hause und setzt euch ans Herdfeuer. Ich gehe und hole eine Axt, den Rest erledige ich selbst.«

Der Abend wurde zusehends grauer. Jella hielt es in ihrer schäbigen Kammer nicht mehr aus. Sie wickelte sich in ein Tuch und lief zu dem Weg, der zum Moor führt. Nach einiger Zeit hörte sie Schritte. Sie sprang seitwärts ins hohe Schilfgras und duckte sich. Enno eilte an ihr vorbei, allein. Die Magd blieb im Versteck, sicher kamen die Söhne gleich hinterher.

»Hoffentlich ist meinen Kleinen nichts passiert«, dachte sie und faltete ihre Hände. Das Warten zog sich in die Länge, das Grau wurde immer unheimlicher. Endlich hörte sie die jungen Bauern herannahen. Als Jella die hämischen Worte: »Das Balg ist tot, Vaters Axt färbt das Moor bald rot« hörte, biss sie sich vor Schmerz in ihre Faust, um nicht laut loszuschreien. Sie hatte das Gefühl, nicht mehr atmen zu können. Der Schmerz lähmte sie, aber nur solange, bis die Männer an ihr vorbeigezogen waren. Jetzt schienen Jellas Beine zu fliegen. Sie rannte in Windeseile ihrem toten Kind entgegen.

Wilkos blonder Schopf leuchtete im Abendgrau. Da lag er wie ein kleines Häufchen Elend. Arme und Beine waren an den Stecken festgebunden. Fahles Mondlicht striff sein noch tränennasses Gesicht. Jella sank auf die Knie und schloss mit einer Hand die starren Augen ihres geliebten Kindes. Sie küsste es ein letztes Mal, schleifte es zum Rand des Moores, hob es mit unbändiger Kraft nach oben und warf es dort hinein.

Da hörte sie den Bauern herannahen. Sie ergriff den herrenlosen Stecken, der neben Wilko gelegen hatte und drückte ihren Sohn damit tiefer in das Moor hinein. Enno musste gleich da sein. Mit letzter Kraft konnte die verzweifelte Frau den kleinen Körper versenken.

»Was machst du da?«, schrie der Bauer und schwang seine Axt.

»Mein Kind bekommst du nicht! Du hackst es nicht kurz und klein. Schurke, du hast dein eigen Fleisch und Blut getötet. Das werde ich jedem erzählen, der mir begegnet, als erstes aber deiner Frau.«

Weglaufen konnte sie aber nicht mehr. Hinter ihr lag das Moor, vor ihr stürmte Enno mit der Axt auf sie zu. Als er weit ausholte, zeigte sein Gesicht Zornesröte. Jellas Blick bohrte sich tief in das Gedächtnis des bald zweifachen Mörders. Dann flog ihr blonder Lockenkopf weit ins Moor hinein. Verzweifelte Wut ließ die Axt nicht stillstehen. Erschöpft wankte Enno von dannen. Er hörte das Heulen der Wölfe.

Ca. 2.300 Jahre später.

»Was ist das?« Der Schniedspaten des Torfstechers Roggemann stieß im Kayhauser Moor im heutigen Landkreis Ammerland unerwartet auf Widerstand. Es war der 3. Juli 1922. Im eben geschnitten Torfsoden zeigten sich Pelzreste und Knochen. Mit seinen Händen grub er weiter, nach und nach wurde zur Gewissheit, dass er auf eine Leiche gestoßen war. Er dachte nach, so tief im Moor konnte es sich nur um einen recht alten Leichnam handeln. Der kleine Junge musste unmittelbar nach dem Tod im Moor versenkt worden sein, wahrscheinlich mit Hilfe eines kräftigen Stockes. Der sofortige Luftabschluss und die konservierende Kraft des Moores hatten zu einem relativ guten Erhalt beigetragen. »Ich muss das dem Museum melden.«

Danach ging alles rasend schnell. Sachverständige kamen ins Moor, fotografierten und dokumentierten. Roggemann wurde beauftragt, die Leiche auf seiner Torfkarre nach Bad Zwischenahn zu bringen. Dort sollte sie bis zum Weitertransport ins Landesmuseum für Natur und Mensch in Oldenburg in einem Nebenraum eines Gasthauses gelagert werden. Welch eine Sensation im Ort, es kamen viele

Schaulustige vorbei. Einige erdreisteten sich und nahmen Knochenstücke sowie Fuß- und Fingernägel als Trophäen mit nach Hause. Das hätten sie besser nicht getan.

Hans Mühlhausen zeigte seiner Frau Hedi und dem siebenjährigem Sohn Karlchen seine Beute.

»Schaut her, dieser Knochen gehört zu den Zehen der Moorleiche und ich habe sogar einen Fußnagel mitnehmen können. Ich weiß nur von neun weiteren Personen, die sich etwas eingesteckt haben. Sicher kommen wir später einmal in die Zeitung. Wir haben das Moorkind gesehen und ein Andenken von ihm.«

Hedi war entzückt und sagte: »Hans, ich bin so stolz auf dich!«

Karlchen aber konnte nur flüstern: »War es wirklich ein Kind?« Danach blieb er stumm.

Die Untersuchung des Leichnams ergab, dass es vor über 2.000 Jahren in der Umgebung des Kayhauser Moores einen Mörder gegeben haben musste. Nach dieser Erkenntnis nahm das Grauen seinen Lauf.

Nebel lag über dem Moor. Nicht nur dichte Schwaden schwebten nach oben, sondern auch etwas Unheimliches. Jellas einst abgeschlagenem Kopf war Leben eingehaucht worden. Er sah aus wie vor 2.000 Jahren, das Moor hatte keine Spuren hinterlassen. Aber etwas hatte sich verändert, als sich ihre Augenlider öffneten. Die Augäpfel zeigten nun ein grelles, furchteinflößendes Rot, welches selbst den Nebel verfärbte.

»Moor hör mir gut zu. Lange Zeit hast du mein Kind geschützt. Aber nun ist es nicht mehr hier.

Das kann mein Mutterherz verkraften, denn jetzt ist bewiesen, dass Wilko ermordet worden ist. – Enno, hörst du mich? Alle wissen es! – Was ich aber nicht ertragen kann, ist, dass es Menschen gibt, die etwas von meinem Sohn gestohlen haben. Seid verflucht! Ihr werdet alles voller Angst zurück ins Moor bringen!«

In der Dunkelheit begann der Spuk. Im Mühlhausischen Schlafzimmer schwebte ein abgeschlagener Kopf über dem Ehebett, der flüsterte unentwegt: »Mein Kind ist tot, ich habe Not, gebt seine Kochen her, sonst lebt ihr morgen früh nicht mehr.«

Davon wachten Hans und Hedi auf und starrten entsetzt in ein verzerrtes Gesicht mit scheußlichen roten Augen. Hedi schrie auf.

»Schweigt still«, befahl der Kopf. »Alles, was ihr meinem Kind geraubt habt, bringt ihr noch vor dem Morgengrauen zum Moor. Alle, denen ihr die Knochen gezeigt habt, müssen mit euch kommen. Fehlt nur ein Teil oder eine Person, werde ich euch mit ins Moor nehmen, auf immer und ewig!«

Die roten Augen brannten nun so hell, dass beide Verängstigte die Augen schließen mussten. Plötzlich war der Spuk vorbei. Jella zog weiter, noch neun Mal in dieser Nacht.

»Müssen wir Karlchen wirklich mitnehmen?«, fragte Hedi.

Hans antwortete mit blassem Antlitz lediglich mit einem »Ja.« Mehr brachte er nicht heraus.

Weit vor dem Morgengrauen öffneten sich zehn Haustüren in Bad Zwischenahn. Mit gebeugter

Haltung zogen die Leichenschänder gemeinsam zum Moor. Nebelschwaden begleiteten den Tross. An der Fundstelle der Moorleiche angekommen traten sie nacheinander heran und warfen die gestohlenen Knochen, Fuß- und Fingernägel in die Grube. Dann begann das bange Warten.

Der Nebel über dem Moor verfärbte sich rot und Jellas Kopf schwebte aus ihm empor. Das Glühen der Augen wurde so stark, dass es ein Feuer am Moorboden entfachte.

»Mein Kind ist tot. Ihr habt einen Teil von ihm gestohlen. Welches eurer Kinder soll ich zur Strafe nun zu mir holen?«

Entsetzen brach aus und Bettelrufe erschallten: »Es tut uns leid, bitte verzeih uns! Nimm bitte nicht eines unserer Kinder!«

Jella war noch immer erzürnt. Sie betrachtete die Sünder und erblickte Karlchen.

»Den will ich mitnehmen«, rief sie.

Hedi schrie: »Nein! Nimm mich, aber nicht mein Kind!«

Da fing Karlchen an zu weinen, klammerte sich an seine Mutter und rief: »Mama, ich habe Angst!«

Augenblicklich schlossen sich die roten Augen. Tränen der Erinnerung rollten an Jellas Wangen herab. Der Nebel wurde dichter und löschte das Feuer. Bald verschlang er ihren Kopf. Ein letztes Mal war Jellas Stimme zu hören: »Jetzt ist es vorbei … vorbei … bei … bei.«

Dialog mit einer Moorleiche

Nach zweieinhalb Stunden Autofahrt wurde ich von Schloss Gottorf mit Sonnenschein empfangen. Die Museumsinsel mit dem weißen, imposanten Gebäude und der herrlichen Umgebung ließ mich für einen Moment innehalten, länger allerdings nicht. Die Moorleichen lockten. Die Jahres- und Uhrzeit war perfekt gewählt, ich war alleine in der Ausstellung, oder auch nicht?

Vor meinem hiesigen Besuch hatte ich im Internet recherchiert und war auf die Auswertung eines Gästefragebogens gestoßen. Zwei Fragen betrafen die Ausstellung der Moorleichen.

Ich schaute mich um und empfand Ehr(e) und Furcht. Ich war allein mit Toten, die vor 1.000 bis 2.000 Jahren gestorben waren.

Hinter einem sich in Kniehöhe befindlichen Schaufenster lag das »Kind von Windeby«. Es wurde 1952 im Domslandmoor gefunden, nahe der Ostsee gelegen. So hatte ich mir eine Moorleiche vorgestellt, ein moorschwarzbraun gefärbter Leichnam lag auf dem Rücken. Kopf, Arme und Hände sowie Beine und Füße waren gut erhalten. Der Bauch und Unterleib waren mit torfiger Erde zugedeckt. Die Seiten- und Rückwände des Schaukastens zeigten eine durchgehende Fotoleinwand einer in braunen Tönen gehaltenen Moorlandschaft. Das Kind schlief im Moor.

In einem weiteren Ruhekasten lag auf rötlicher Erde, der »Mann von Damendorf«. Von den

Umrissen her waren ein menschlicher Körper und in schulternähe rötliche Haare zu erkennen. Die Leiche lag auf der linken Körperseite und war platt wie eine Flunder. In einer sich in Augenhöhe befindlichen Vitrine war ein Schädel mit roten Haaren zu sehen, welche seitlich zu einem Suebenknoten gebunden waren. Es handelte sich um den »Mann von Osterby«.

Alle drei Orte liegen dicht beieinander in der Nähe von Eckernförde.

In einem ähnlich wie beim »Windeby-Kind« gestalteten Schaukasten lag der »Mann von Rendswühren«, das ist ein Ort im Kreis Plön. Dieser ausgemergelte Leichnam lag ebenfalls auf dem Rücken. Das Gesicht war gut zu erkennen, der Unterleib war mit einem Tuch aus Wolle abgedeckt.

»Unheimlich«, dachte ich. Deshalb ging ich schnell zurück zu dem näher am Ausgang befindlichen Schaukasten mit dem »Windeby-Kind«. Ein erfolgreiches Kramen in meiner Tasche ließ mich den Museumsfragebogen in den Händen halten. »Ist die Moorleichenausstellung menschenwürdig?«

90 Prozent der Besucher hatten mit Ja geantwortet. Ich schaute das Kind an und fragte hörbar: »Fühlst du dich wohl, wenn dich täglich fremde Menschen anschauen?«

Ich betrachtete den seitlich auf dem rechten Ohr liegenden Kopf des Jungen. Die Augen und Ohren wurden von einer Art Stirnband verdeckt. Ich erkannte die Nase und einen leicht geöffneten Mund. Der Hals weilte auf einem Pelzkragen.

»Ich ruhte lange in meinem Grab. Dort fühlte ich mich wohl.«

Vor Schreck fiel mir der Zettel aus der Hand. Mein erster Gedanke war: »Raus hier!«

Doch ein »Bleib!« aus dem Schaukasten hinderte mich daran. Die Stimme des Kindes konnte ich hören, sein Gesicht aber blieb beim Sprechen starr.

Ich fragte: »Möchtest du zurück ins Moor?«

Es antwortete: »Ich weiß es nicht!«

»Kind, ich verstehe das gerade alles nicht.«

»Keine Angst, ich heiße Yorick, und du?«

»Ich bin Anna.«

»Warum bist du hier, Anna?«

»Ich schreibe gerade an einem Buch über das Moor. Dazu gehört es auch, etwas über Moorleichen zu wissen. Ich hatte leider bisher noch nie eine gesehen. Ich möchte hier wirklich nicht gaffen. Mich beschäftigt aber jedes einzelne Schicksal, der im Moor gefundenen Verstorbenen.«

»Ich starb nach langen schrecklichen Schmerzen im Mund. Meine Eltern betteten mich auf Heidekraut. Ich bekam eine Decke aus Gräsern, mir wurde ein Pelzkragen um den Hals gelegt. Mein Stirnband hielt zuerst meine Haare beisammen, aber im Moor verrutschte es und bedeckte meine Augen. Das gab mir ein Gefühl von Ruhe und Geborgenheit. Sogar Tongeschirr und Kleidung sollten mich ins Reich der Toten begleiten. Das war eine Ehre für mich. Vor vielen Jahren aber wurde ich ausgegraben. So viele Menschen hatten mich angefasst und untersucht.

Zuerst hielt man mich für eine junge Frau. Dann wurde in der Nähe meines Fundortes noch eine männliche Leiche gefunden. Nun sprach man davon, dieser Mann sei mein Liebhaber gewesen. Das war keine gute Zeit für mich. Eine Gerichtsmedizinerin aus Kanada hat später bewiesen, dass ich ein Junge bin. Und mein vermeintlicher Liebhaber hatte 300 Jahre vor meiner Zeit gelebt. Wenn ich heute hier im Schaukasten liege, bin ich eigentlich froh, dass alle Besucher wissen, wer ich wirklich bin. Was ich nicht mag sind Menschen, die sich nicht benehmen können und Grimassen schneiden und sich dabei filmen lassen. Ja, ich habe viel gelernt. Ich weiß, wie ihr Menschen heute seid. Aber ihr wisst nicht genau, wie wir damals waren.«

»Deswegen bin ich hier«, dachte ich und antwortete: »Die meisten Menschen achten euch Moorleichen. Aber wie denkst du über die Besucher, meinst du, dass die meisten respektvoll zu euch sind?«

»Ich denke ja. Zu mir auf jeden Fall. Ich bin gestorben, weil ich krank war, und ich bin ein Kind. Aber die anderen drei sind ermordet worden. Viele machen sich Gedanken, wie und weshalb sie zu Tode gekommen sind.«

»Yorick, kannst du alles hören, was die Besucher sagen?«

»Wenn ich will, ja.«

»Kannst du auch mit den anderen Moorleichen sprechen?«

»Das verrate ich nicht.«

»Möchtest du weiterhin mit mir reden?«

»Ja.«

»Dann mache ich dir einen Vorschlag. Ich erzähle dir, was ich über die drei Männer und ihren Tod weiß. Dafür erzählst du mir, welche Thesen Besucher über das Leben und den Tod der Männer aufgestellt haben.«

Um mein ehrliches Anliegen zu bekunden, fügte ich an: »Ich frage nicht danach, was wirklich passiert ist.«

Yorick nahm meinen Vorschlag an. »Das ist gut so. Dann fang an, Anna.«

»Fein. Ich beginne mit dem ›Mann von Damendorf‹.«

Das Kind unterbrach mich: »Er heißt Robur.«

Ich fuhr fort: »Seinen Leichnam fanden Torfstecher im Jahr 1900 in etwa drei Metern Tiefe. Zuvor waren sie auf Reste von Kleidung aus Wolle gestoßen. Einige Jahre vor und nach diesem Fund wurden in der Nähe noch weitere Leichenteile von insgesamt drei weiteren Menschen sowie Kleidungs- und andere Fundstücke entdeckt. Yorick, du weißt ja, was danach alles passierte. Fundsicherung, Untersuchungen und den Leichnam säubern, ›entkernen‹ und haltbar machen. Interessant sind Roburs Haare. Auf beiden Kopfseiten waren sie 15 Zentimeter lang, vorne aber nur zwei Zentimeter. Bei dir, Yorick, waren sie an der rechten Kopfseite vier Zentimeter lang und an der Linken zwei Millimeter kurz. Man weiß aus alten Aufzeichnungen, dass man Ehebrecherinnen den

Kopf teilweise geschoren hatte, aber bei dir scheidet das ja aus. Kannst du mir das bitte erklären?«

»Nein Anna, das kann ich erst, wenn die rechte Zeit dazu gekommen ist.«

Ich fragte mich, ob ich das alles nur träumte.

»In Ordnung! Untersuchungen des Haares von Robur zeigten eine ungewöhnlich hohe Konzentration an Quecksilber und Blei. Beim Schmelzen von Schwermetallen wie Gold und Silber gasen diese Schadstoffe aus. Sein Leben wurde durch einen Stich in die Herzgegend beendet. Was sagen die Besucher dazu, Yorick?«

»Die meisten sagen, dass Robur ein Gold- und Silberschmied war. Manche vermuten, er wäre ausgeraubt und dabei getötet worden. Andere aber sagen, er war ein Betrüger und habe ab und zu Gold und Silber in seinen eigenen Beutel gesteckt. Das hat eines Tages einer seiner Auftraggeber bemerkt. Seine bestellten Trinkgefäße waren von der Größe her recht klein geschmiedet worden. Er wurde wütend und bedrohte Robur. Als dieser nach seinem Geldbeutel griff und fliehen wollte, konnte ihn der Reiche ergreifen und stach Robur ins Herz. Die Gefolgsleute des sich Rächenden brachten die Leiche ins Moor. Nichts von ihm sollte je zu finden sein. Seine Kleidung und Schuhe begrub man zu seinen Füßen.«

Ich machte mir eifrig Notizen. »Ich kann mir das richtig gut vorstellen. Bei drei getöteten Moorleichen kann man glatt von einem spannenden Krimi sprechen. Aber weiter im Text, jetzt kommen wir zum ›Mann von Osterby‹. Von ihm wurde 1948 lediglich der Schädel gefunden.«

»Er heißt Lugus«, sagte Yorick. Woher kannte das Kind die Namen der anderen?

Ich fuhr fort: »In knapp 70 Zentimetern Tiefe entdeckten Torfstecher ein Fellbündel, in dem ein Schädel eingewickelt war. Auf der linken Seite des Totenkopfes gab es durch einen Schlag mit einem stumpfen Gegenstand eine verletzte Fläche von zwölf Zentimetern Durchmesser. Die linke Schläfe war völlig zersplittert. Ein Teil der Knochen steckte im Gehirn. Das Skelett des Gesichtes war gut erhalten, der obere Teil davon war nahezu unbeschädigt. Anhand von deutlich erkennbaren Schnittstellen am zweiten Halswirbel konnte man manifestieren, dass der Kopf von Lugus gewaltsam vom Körper abgetrennt worden war. Sein Alter zum Zeitpunkt des Todes betrug in etwa fünfzig bis sechzig Jahre. Die Haare waren lang und er trug sie wie die Krieger des germanischen Stammes der Sueben. Diese hatten ihre Haare, ähnlich wie bei Frisuren mit Zöpfen, oberhalb der Ohren auf einer Seite zu einem Knoten gebunden, dem sogenannten Suebenknoten. Dieser war in der Römerzeit Mode und man konnte daran ›freie‹ Männer erkennen, sie waren also keine Leibeigenen. Den zum Schädel gehörenden Körper hatte man nicht gefunden.«

»So oft wir auch von euch untersucht worden sind, alles könnt ihr nicht über uns wissen. Aber wir sind schon erstaunt, wieviel ihr über uns herausgefunden habt.«

»Mit diesem Wissen werdet ihr für uns menschlich. Wir nehmen Anteil an eurem Leben und Schicksal.«

»Und ihr habt Fantasie«, behauptete Yorick und berichtete von dem, was Besucher zu Lugus Leben sagten. »Er soll ein geschickter Krieger gewesen sein, der seine Gegner zur Weißglut brachte, weil sie ihn einfach nicht zu fassen bekamen. Einer seiner Freunde wurde gefangen genommen und gefoltert, bis er das Versteck von Lugus verriet. Nachts haben sich die bewaffneten Kontrahenten dann angeschlichen und ihm den Schädel eingeschlagen. Dann enthaupteten sie ihn mit einem Schwert, wickelten den Kopf in seinen Pelzkragen und brachten das Bündel ins Moor. – Dieses ist eine von den Geschichten, die ich hier gehört habe.«

»Aber du weißt was passiert war, Yorick?«

»Ja, aber das bleibt geheim.«

»Dann soll es das auch bleiben. Nun kommen wir zum ›Mann von Rendswühren‹.«

»Er heißt: Aurin.«

»Aurin wurde 1871 im Heidemoor bei Rendswühren gefunden, das liegt im Landkreis Plön, also weiter von euren Fundstellen weg. Stört euch drei das?«

»Er ist einer von uns!«

Nun holte ich ein wenig aus: »Damals war eine Moorleiche eine Sensation in den Dörfern. Es gab viele Neugierige, die Aurin anschauen wollten, nachdem er mit einem Ackerwagen in die Scheune des Ortsvorstehers gebracht worden war. Erst sechs

Tage nach dem Fund kamen Ärzte aus Bordesholm und Neumünster, um Aurin zu obduzieren. Die vorangegangene Zeit hatten Schaulustige genutzt, um Stücke des Lederumhangs und des Wollmantels, in den der Kopf gehüllt war, als Souvenir mitzunehmen. Am siebten Tag endlich kam die Leiche nach Kiel und wurde dort gründlich untersucht und konserviert. Das Moor war schon länger trockengelegt worden, sodass der Torf auf 180 Zentimeter Tiefe zusammengeschrumpft war. Die Leiche von Aurin war bei der Bergung trocken und fest, obwohl er in einer Torfschicht unterhalb des Wasserspiegels von benachbarten Torfgruben lag. Sein Kopf wurde vierzig Zentimeter tiefer gelagert aufgefunden, als seine kreuzweise übereinander geschlagenen Beine. Aurin lag auf dem Bauch. Er war 40 bis 50 Jahre alt und besaß noch seine Kopfhaut samt Haaren. Zu Lebzeiten hatte er viel Fleisch gegessen. Er muss gewaltsam zu Tode gekommen sein, da der Schädel deutliche Spuren von Verletzungen nach Schlägen aufzeigte. Über dem rechten Auge befand sich eine dreieckige Wunde, das Scheitelbein und der Hinterkopf waren zertrümmert. Dass sich die Kleidung an seinen Kopf angestaut hatte, könnte darauf beruhen, dass man Aurin an den Füßen angefasst ins Moor gezogen hatte. Ein Lederband am Fuß könnte von einem Schuh stammen. So viel zu Aurin.«

»Ihr wisst so viel und ebenso viel wird vermutet. Ich hörte hier folgenden Geschichte: Aurin muss einmal ein Mann gewesen sein, der Anerkennung liebte und Geld hatte. Letzteres hatte er vielleicht seiner Frau zu verdanken, sie war die Tochter des Dorfältesten. Nach vielen guten Jahren beging er Ehebruch. Daraufhin musste er das Dorf verlassen. Seine Kleidung verriet, dass sie geflickt werden musste, neue konnte er sich nun wohl nicht mehr erlauben. Da er aber sein sorgenfreies Leben wieder zurückhaben wollte, kehrte er heim ins Dorf, um sich mit seiner Frau zu versöhnen. Der Dorfälteste war jedoch nicht erfreut, als seine Tochter dem Fortbestand der Ehe zustimmte. Er drohte Aurin mit dem Tode, sollte er noch einen Gesetzesbruch begehen. Nach einiger Zeit kam eine hübsche neue Magd ins Dorf und Aurin vergaß die Drohung. Nach einem erneuten Ehebruch log er den Dorfältesten an und wollte sogar dessen Amt übernehmen. Es sei an der Zeit, dass der Alte ging und ein Jüngerer bestimmen solle, meinte er. Als der Magd aber anzusehen war, dass sie ein Kind trug, wurde Aurin vom Dorfältesten und seinen Söhnen erschlagen und ins Moor geschleift. Da er sich vor seinem Tode selber im Rang erhöhen wollte, wurde er mit einer Schräglage des Leichnams erniedrigt, der Kopf lag unten.«

Ich war erstaunt, welche Dimensionen die Fantasie in dieser Ausstellung erreichen konnte. »Yorick, auf dem Fragebogen steht nun Folgendes: Der Besucher sollte in eigene Worte fassen, was diese Faszination der Moorleichen ausmacht, welche Gefühle er in der Ausstellung hatte und welche Anregungen er geben möchte. Bei der Auswertung ergab sich, dass Moorleichen Zeitzeugen der Vergangenheit sind und dass ihre persönlichen Schicksale beeindrucken. Die meisten Teilnehmenden gaben ein gutes bis neutrales Gefühl beim Besuch der Ausstellung an, einige allerdings waren nachdenklich, ehrfürchtig oder ihnen war mulmig zumute. Ob die Ausstellung gefallen hatte, konnte in einer Skala von ›Trifft voll und ganz zu‹ bis hin ›Trifft überhaupt nicht zu‹. Fazit: Sie gefällt. Diese Auswertung ist Grundlage dafür, ob es hier bei euch Veränderungen bezüglich der Gestaltung und der erklärenden Texte geben wird.«

»Und wie sieht deine Meinung dazu aus, Anna?«

»Ich bin mit einer großen Portion Neugierde, aber auch mit schaurigen Gedanken hierhergekommen. Letztere steigern sich natürlich, wenn keine weiteren Besucher anwesend sind. Über die Schicksale von dir, Yorick, sowie Robur, Lugus und Aurin erhalte ich auf den Texttafeln ausreichende Informationen und habe zudem vor Augen, um wen es sich dabei handelt. Aber erst durch unsere Unterhaltung bin ich von einer düsteren in eine helle Gefühlswelt gewechselt. Auf helle Akzente würde ich ebenfalls bei einer Umgestaltung setzen. Das Moor oder der Friedhof haben die dunkle Seite unter der Oberfläche von Torf oder der Erde. Oberhalb aber zeigt sich die Natur in ihrer ganzen Vielfalt. Warum sollte hier nicht mehr von dieser Schönheit gezeigt werden, damit man ›Moor‹ richtig erleben kann. Ich freue mich sehr darüber, dass du von einer Fotoleinwand mit Gräsern umgeben bist. Aber sie ist in tristen Farben gehalten. Das Moor ist farbenfroh. Hellgrüne Informationstafeln in kindgerechter Sprache lassen auch die Kleinen erfahren, wie spannend und lehrreich es hier zugeht. Den Friedhof erwähnte ich bewusst, das Würdevolle darf man natürlich nicht außer Acht lassen. Ich bin wirklich sehr beeindruckt. Aber ich weiß immer noch nicht, ob ich mich heute in der Realität befinde. Was wäre dein größter Wunsch, Yorick?«

»Das sage ich dir das nächste Mal. Komm wieder Anna, mein Wissen ist unendlich groß!«

Naturheilmittel Moor

Torf aus dem Moor wird seit Jahrhunderten als medizinisches Heilmittel eingesetzt. Ein Moorbad ist also eigentlich ein Torfbad.

Wie hilft uns der Torf beim Gesundwerden oder -bleiben? Zuerst einmal ein Blick in die Vergangenheit.

In der Arzneimittellehre vor 2.000 Jahren wurden Anwendungen mit Schlamm bei Entzündungen, Gicht und Rheumatismus festgehalten. Ebenso wurden die Wunden bei ägyptischen Kriegern damit behandelt. Ob es wirklich Schlamm oder Torf gewesen war, ist heute nicht erkenntlich. Darauf bauten allerdings die Erfahrungswerte in Bezug auf die Linderung von Beschwerden auf, welche von

Generation zu Generation weitergegeben wurden. Schon im Mittelalter gab es Orte für Moorbäder zur Haut- und Wundpflege. Vor 200 Jahren setzte dann die Forschung dazu ein. Um 1800 hielt Alexander von Humboldt in seinen Reisetagebüchern fest, dass Indianer das Essen von Schlamm als traditionelle Gesundheitsmaßnahme in ihrer Ernährung praktizierten. Im westlichen Europa verordneten Badeärzte Anwendungen mit Moor, wenn man Beschwerden mit Gelenken, Muskeln oder dem Unterleib hatte. Das älteste Moorbad Europas von 1802 ließ Fürstin Juliane zu Schaumburg-Lippe in Bad Eilsen einrichten. Das war der Beginn weiterer Kurorte mit Moorbädern. Um 1900 kurten in Bad Kissingen berühmte Persönlichkeiten, wie Kaiserin Sissi und Zar Alexander II. 1903 gab es eine Meldung in der Frankfurter Allgemeinen Zeitung, dass deutsche Soldaten zu einer Moorkur nach Großbritannien geschickt worden waren, um ihre alte Kampfeskraft wiederzuerlangen.

1933 wurden alle Schlämme und heilende Erden unter dem altgriechischen Sammelbegriff »Peloid« zusammengefasst. Die internationale Gesellschaft für medizinische Hydrologie ordnete den Torf als wertvollen Naturrohstoff für die Therapie der medizinischen Bäderheilkunde zu. Seitdem schritt die Forschung in Bezug auf den Einsatzbereich, aber auch auf das Produkt an sich, voran.

Wie auch Fango, welches ein Mineralschlamm aus Ablagerungen vulkanischen Gesteins ist, wird

Moor (Torf) thermophysikalisch (für Muskeln und Knochen) eingesetzt. Die Inhaltstoffe von Fango können nicht von der Haut aufgenommen werden. Bei ihnen handelt es sich um anorganische Stoffe u.a. um Mineralien. Anders ist es beim Torf. Dieser hat durch seine vielen verschiedenen organischen Inhaltstoffe zusätzlich eine biochemische Wirkung. Moorkundige sprechen gerne von einem Moorbukett.

So wie man früher wegen seiner längeren Brenndauer den tiefer gestochenen Schwarztorf bevorzugte, verhält es sich auch bei den medizinischen Anwendungen. Die obere Schicht beim Hochmoor ist meist noch nicht so gut zersetzt, seine Farbe ist hellbraun und wird als Weißtorf bezeichnet. Der in tieferen Schichten liegende Schwarztorf hat feineren Humus und eine kompaktere Dichte. Die Vielfalt von Humusverbindungen ist beachtlich höher. Selbst Lage und Untergrund von Mooren entscheiden über die Qualität ihres Torfes. Die im Moor zersetzten Heilpflanzen werden analysiert und der Torf entsprechend der Beschwerden gezielt eingesetzt. Als Beispiel für Einsatz von Torf beim Nachweis folgender Heilpflanzen:

Bei Rheuma: Mädesüß (schweiß- und harntreibend, schmerzstillend und fiebersenkend)

Bei Knochenverletzungen, Geschwüren und Quetschungen: Beinwell

In einigen frischen Moorzubereitungen finden sich Stoffe mit hormonähnlicher Wirkung, welche in der Frauenheilkunde eingesetzt werden

(Osteoporose; Sterilität und entzündliche Prozesse). Viele Inhaltsstoffe wirken aber auch als Motor, um körpereigene Funktionen anzukurbeln.

Wichtig ist, dass der Anwender von Behandlungen weiß, welchen Torf er mit welchen Wirkstoffen beim fachkundigen Anbieter einkauft. Europaweit wird der Abbau, die Aufbereitung und der Verkauf kontrolliert. In Deutschland müssen Mooranbieter ihre Analysen veröffentlichen.

Eine Anwendung in Form eines Moor-Vollbades sollte nicht länger als zwanzig Minuten dauern und in der Höhe unterhalb des Herzens liegen. Wichtig ist: Im Anschluss wird sich nur mit klarem Wasser abgewaschen und es muss zwingend eine Nachruhe von dreißig Minuten eingehalten werden.

Die im Torf enthaltenden Huminsäuren binden Giftstoffe. Haut und Schleimhäute werden vor dem Eindringen von Giftstoffen geschützt. Des Weiteren haben sie die Fähigkeit, Nervenenden zu beruhigen. Ein Beispiel dafür: Spannungen im Darm werden abgeschwächt, er entkrampft, Schmerzen werden gemildert. Eine weitere Eigenschaft sind die abwehrsteigernden, antiviralen und antibakteriellen Wirkungen. Eine mindestens dreiwöchige Kur mit Moorbädern zeigt in Studien eine deutliche Verbesserung der Beschwerden und als erfreuliche Nebenwirkungen oft ein reines Hautbild und seelisches Wohlbefinden.

Es gibt immer wieder neue Moorprodukte auf dem Markt z.B. eine Kosmetikserie. Über die Wirksamkeit sollte man sich im Vorfeld informieren.

Die Forschung im Bereich Moor geht stetig voran. Unter anderem werden Untersuchungen über ein Recycling des verbrauchten medizinischen Torfes durchgeführt.

Die Natur ist so komplex, dass Forschungen auch in Zukunft zu weiteren Ergebnissen führen werden.

Nach heutigem Wissensstand ist der Torf aus dem Moor ein Naturheilmittel, welches mit seiner Bandbreite an Inhaltsstoffen und positiven Wirkungen nicht zu ersetzen ist.

Moorgeschichte rund um den Elisabethfehnkanal

Morastige, sumpfige Regionen wie das Moor wurden in vielen Gegenden Norddeutschlands als Fehn bezeichnet. Dieser Begriff findet sich auch in vielen Ortsnamen wieder. Heutzutage sind die Ansiedlungen trockengelegt. Damit wurde vor über 150 Jahren begonnen, unter anderem durch den Bau von Kanälen. Das Moor wurde entwässert und auf den neuen, breiten Wasserwegen transportierten Kähne den gestochenen Torf. Die ersten Häuser der Fehnsiedlungen wurden parallel des jeweiligen Fehnkanals gebaut. Wie Perlen aufgereiht, lag ein Haus neben dem anderen.

Im Nordwesten Niedersachsens befindet sich der letzte intakte Fehnkanal. Sein Weg führt an der Gemeinde Barßel samt der Ortschaft Elisabethfehn vorbei. Die 18,43 Kilometer lange Wasserstraße wurde 1880 nach der Großherzogin Elisabeth Pauline Alexandrine von Oldenburg benannt. Der Name lautet: Elisabethfehnkanal. Dieser zählt zum »Binnengewässer Bund« und auf ihm gelangt man über ein Kanalsystem bis hin zur Ems. Die Kanalanlage besitzt ein anmutiges, holländisches Flair und verfügt über sieben Klappbrücken und vier manuell bediente Schleusen. Vor der Entwässerung war diese Gegend das Reich des Ostermoors. Das merkt man heute noch an regenreichen Tagen. Dann steht das Wasser auf den begrünten Randstreifen der Straßen. Geht man auf ihnen spazieren, spürt man deutlich die Abfederung der eigenen Schritte.

Das Moor- und Fehnmuseum im Ort befindet sich in einem ehemaligen Kanalwärterhaus, vis-à-vis des Kanals. Es zeigt Fakten der Moorkultur, der Kolonisierung und des Torfabbaus. Pflanzen und Tiere zeigen die schönen Seiten des Moores. Schaurig wird es beim Anblick eines Moorleichenskeletts. Das Kind aus der »Esterweger Dose« (heute ein Naturschutzgebiet) ist eine Leihgabe des Landesmuseums für Natur und Mensch in Oldenburg. Es hat viele Untersuchungen über sich ergehen lassen müssen. Aus einer vermutlich jungen, 150 Zentimeter großen Frau wurde ein zwölf- bis vierzehnjähriger Junge. Er hatte eine Gehbehinderung, der Kopf des linken Oberschenkels war deformiert. Als Todesursache kommt eventuell eine Blutvergiftung infrage. Schuld daran war eine Knochenmarkentzündung am Unterschenkel des rechten Beins. Der Junge muss vor mehr als 1.000 Jahren auf der Mooroberfläche zu Tode gekommen und erst später vom Moor überwuchert worden sein. Es wurden lediglich seine Knochen gefunden.

Wer mutig ist, kann sich unter ein Schaufenster legen. Schaut man hindurch, weiß man wie es unter der Mooroberfläche aussieht.

Auf einer Schautafel ist ersichtlich, dass vom ehemals 123 Quadratkilometer großen Ostermoor kaum noch etwas übriggeblieben ist. Ab 1805 reduzierte sich die Fläche kontinuierlich, heute gibt es nur noch vereinzelt kleine Fehne. Das Moor entstand vor 8.000 Jahren. Sein Wachstum betrug einen Millimeter im Jahr, folglich gab es bei Elisabethfehn eine acht Meter starke Torfschicht über dem Sandbodenniveau. Im Außenbereich des Museums befindet sich ein Moorpegel-Plateau. Wer alle Stufen nach oben steigt ist erstaunt, wie hoch diese acht Meter sind. In der warmen Jahreszeit kann man im Außengelände das Moor mit seinen Füßen erfühlen und mit seinen Augen die Torfabbaumaschinen bewundern. Aber Achtung, Moor kann auch gefährlich sein! Hinter einer Absperrung befindet sich ein Moorhügel mit Torfmoosbewuchs. Auf einem Schild steht: »Vorsicht! Versackungsgefahr! Das Hochmoorbeet ist tief und kann nicht betreten werden!« Ein Piktogramm mit einem Querbalken über einem gehenden Menschen verdeutlicht den Hinweis.

Für die Besiedelung im Fehngebiet mussten Flächen für Häuser und die Landwirtschaft geschaffen werden. Dazu wurden ca. alle 25 Meter Entwässerungsgräben angelegt. Danach hackte man die Mooroberfläche auf und im Folgejahr wurde sie in Brand gesetzt. Die Asche war ein guter Dünger und Nährboden für Buchweizenpflanzen. In späteren Jahren wurden Kartoffeln und Roggen angebaut. In und um Ostfriesland nennt man die Moorkultivierung Fehnkultur.

Die Siedler hatten kein einfaches Leben. Die ersten Katen wurden mit Wänden aus Torfbrocken errichtet. Der Torfabbau war körperlich gesehen harte Arbeit. Sogar Kinder mussten mithelfen. Sie stapelten den gestochenen Torf, damit er trocknen und anschließend verkauft werden konnte. Aus dem Erlös wurden Ziegelsteine gekauft. So entstanden nach und nach feste Häuser. Auch damals gab es schon Bauvorschriften. Eine feste Wand musste den Wohnbereich vom Stall trennen. Es wurde ein Kamin eingebaut, damit der Rauch des Herdfeuers nach draußen abziehen konnte.

Wer es sich leisten konnte, hatte ein eigenen Torfkahn. Größere Schiffe, mit welchen zwei bis drei Tagwerke Schwarztorf transportiert werden konnte, nannte man Tjalk. Auf dem Elisabethfehnkanal liegt das Museumsschiff »Jantina«, welches zu dieser Gattung gehört. Es wurde vor über 100 Jahren in Holland gebaut. Kleinere Kähne hießen Muttschiffe, sie hatten ein Ladegewicht von 0,5 bis 1,5 Tagwerke Torf. Auch wenn die Siedler damals eine schwere Arbeit zu verrichten hatten, so klingt es heutzutage für unsere Ohren geradezu liebevoll, wie sie ihre Schiffe nannten: »Törfmuttje«. Auf dem Kanal wurde der Torf zu den Verkaufsstellen transportiert. Meist geschah dies durch Treideln. Das Muttschiff wurde von Land aus mit Menschenkraft oder mit Hilfe von Tieren stromaufwärts gezogen. Auf dem Rückweg war es meist mit Baumaterial und Dünger, auch in Form von Straßenkot, beladen. Eigenen Dünger bekamen die Siedler erst mit dem Erwerb einer Kuh. Milch und Dung waren Gold wert.

Ebenso am Kanal in Elisabethfehn liegt das stillgelegte Torfkokswerk. Es war aus wirtschaftlicher Sicht gesehen das weltweit erste, erfolgreiche Torfkokswerk. 1905 startete man die Veredelung von Torf zu Torfkoks. Für die Siedler bedeutete dies, dass sie ihren Torf vor Ort abliefern konnten, zudem gab es dort viele Arbeitsplätze. Man startete die Verkokungsanlage mit einem Ofen. Im Laufe der Jahre kamen acht weitere hinzu. Die Schwarztorfsoden wurden in mehreren Verkokungskammern bei bis zu 780 Grad Celsius verkokt. Diese Temperaturen erreichte man durch das Verbrennen von Heizgas. Ungefährlich ging es nicht zu, es gab in den Produktionsjahren mehrere Brände. Nach der Veredelung wurde der Koks nach Größen sortiert, verpackt und abtransportiert. Abnehmer für den Torfkoks gab es unter anderem auch in vielen europäischen Ländern. 1989 endete die Produktion. Fährt man als Tourist an dem Fabrikgelände vorbei, sprudeln die

Ideen, was man alles aus dem herrlich gelegenen Gebäude machen könnte. Kunst und Café stehen an oberster Stelle. Doch leider ist das nicht möglich, denn das Gelände ist kontaminiert. Größere Flächen der zum Grundstück gehörenden Moorflächen wurden als Rieselfelder für die bei der Produktion angefallenen Schwelwässer verwendet. Phenol, früher auch als Karbol bekannt, ist eines der enthaltenen Schadstoffe. Es verursacht schwere gesundheitliche Schäden. Aus einem Auszug einer Anfrage an das Umweltamt des Landkreises Cloppenburg geht hervor, dass es auch eine Grundwasserverunreinigung mit Phenolen gegeben hat. So hat der fast hundertjährige Segen der Fabrik für Elisabethfehn ein unschönes Ende gefunden.

Seit 1990 sind in Niedersachsen alle naturnahen Hochmoore gesetzlich geschützt. Das Umweltdenken ändert sich und auch hier arbeitet man an Projekten, das Moor in den Klimaschutz einzubinden. Somit hat die Fehnkultur nicht nur eine Vergangenheit, sondern auch eine Zukunft.

Moorkolonisation

Schon im Hochmittelalter wurde begonnen, den Feuchtwiesen und Überflutungsbereichen der Küstenregion Land abzutrotzen. Es fehlte noch an den technischen Möglichkeiten, auch das Hochmoor zu kultivieren.

Ein enormer Bevölkerungsanstieg im 18. Jahrhundert erforderte zusätzliche Agrarflächen. Eine Peuplierungspolitik setzte ein, die vor allem in Ostfriesland die Moorkolonisation vorantrieb. Das Moor galt als grauslig, man versuchte alles, um dieses »Unland« zurückzudrängen. Ödlandkultivierung im Sinne des Staates bestimmte: »Jedes Jahr ein neues Dorf.« So entstanden die Fehnorte. 1639 wurde der Moorkanal mit der Ems verbunden. Das war der Beginn von Papenburgs Karriere als erster Moorkolonie hin zur Stadt der Werften.

Nach umfangreichen Landvermessungen entstanden Mustersiedlungen im Bourtanger Moor. Es sind geometrisch geplante, winzige Einzelparzellen. Auch im Teufelsmoor bei Bremen war man überzeugt: So erfüllte man seine Christenpflicht, setzte der Armut etwas entgegen.

Erst nach und nach verband man den sozialen Aspekt mit der Ödlandkultivierung. Allein dem Moorkommissar Jürgen Christian Findorff verdanken 42 Moorkolonien ihre Existenz, teilweise gar ihre Schulen und Kirchen. Darunter Worpswede, Gnarrenburg und Grasberg. Größere

Moorkolonien, vor allem Reihendörfer, entstanden bei Harburg, im Gifhorner Raum und in der Wildeshauser Geest.

Die Lebenssituation der meisten Kolonisten war erbärmlich. Viele hatten keine landwirtschaftlichen Vorkenntnisse.

Der ungebetene Gast

Er hatte sich der Kate von hinten genähert. Weit ausschreitend war er über die Heide gekommen. Verhungerte Birkenreiser verbargen ihn. Sein Arbeitsgerät lehnte er an die Rückwand des Hühnerverschlags und von dort beobachtete er die Leute.

Femke, sie stand im Türrahmen, hatte das wollene Schultertuch fest um sich geschlagen. Enno, der ständig hustete, spannte den mageren Klepper vor den Wagen, reichte Sönke die Wachsdecke hinauf. Die Frau ließ sich nochmal bestätigen: »Ihr müsst Vorräte kaufen, aber vor allem müsst ihr den Apotheker nach Medizin für Lütt-Trintje fragen. Und Sönke, achte mir darauf, dass der Vater selbst beim Doktor vorbeischaut!«, mit diesen Worten reichte sie ihnen eine Korbflasche mit heißem Tee hinauf. Enno winkte müde ab: »Ach, Mudder, heiz du nur ordentlich den Ofen an und halte die Lütte warm.« Resigniert zog Femke die Schultern hoch. Er wusste doch, dass der Torfvorrat zur Neige ging. Ein kurzes Schnalzen, der Gaul zog an. Die Frau verschwand hinter der Tür.

Der Fremde sah sich um. Der Dauerregen hatte dem Reetdach der Kate arg zugesetzt. Es wirkte mulschig und zerrauft. Viel zu gering war die Neigung, so rann die Feuchtigkeit sicher in das Innere der Behausung. Flechten hatten sich bis hinauf zum First gefressen. Die Wände aus Torfquadern waren nur zur Wetterseite hin mit Brettern verblendet. Hölzerne Rinnen waren als Wasserspeier über dem Eingang angebracht. Von dort pladderte der Regen nun hinab und sammelte sich in halben Fässern und Eimern, die darunter aufgestellt waren. In einem dieser Behältnisse schwamm der Kadaver einer Spitzmaus. Der Wanderer schaute durch das Fenster und sah die Frau an der Wiege ihres wimmernden und röchelnden Kindes sitzen. Nun ja. Es half ja nichts.

Er klopfte einmal. Zweimal. Nichts tat sich. Nach dem dritten Poltern öffnete die Frau ihre Tür einen Spalt breit.

Femke sah den großen düsteren Kerl, schaute in seine tiefliegenden Augen und erschrak. »Liebe Frau, ich wünsche einen guten Tag. Das Wetter … es hat mich überrascht. Darf ein armer Wanderer sich wohl bei Euch aufwärmen?«

Kann man einem Menschen eine solche Bitte abschlagen? Wohl kaum und schon gar nicht bei so einem Wolkenbruch.

Er lupfte den schwarzen Schlapphut, zog ihn dann ganz vom Kopf, doch nur um die Tropfen davon abzuschütteln, dann drückte er ihn wieder auf das fast kahle Haupt. So tief in die Stirn zog er den Hut, dass sein Gesicht darunter kaum zu erkennen war. Den triefenden, zerlumpten Umhang zog er aus, blickte sich einen Moment suchend um und hängte ihn einfach an einen Nagel über dem Türsturz: »Gegen einen heißen Grog hätte ich nichts. Sie sind wohl so freundlich?« Als wäre er hier zuhause, ließ sich der Mann auf die Ofenbank fallen. Nicht, dass er zuvor die schlammverkrusteten Stiefel ausgezogen hätte. Femke brühte Tee auf. Von wegen Grog! Als nächstes erwartete er noch Gesottenes und Pasteten. Eine Schnitte Brot könnte sie wohl erübrigen. Vorab säbelte sie die grünpelzige Schicht von der Kruste. Es war immer das Gleiche. Nah beim Herd wurde das Brot hart und trocken. Im Kasten wurde es feucht. Ihr Besucher dankte und aß. Sie selbst entschuldigte sich. Insgeheim hatte sie den letzten Torfvorrat abgeschätzt. Zwei Stück für den Ofen. Sie nahm das dritte Stück und trug es in ihrer Schürze zur Kinderwiege, wechselte es dort gegen die feuchte Unterlage aus, auf der Trintje lag. Das Kind schrie, seine Wangen glühten. Trockene Leintücher wären auch nötig. Sie zog die Schublade der Kommode auf. Die stand von der Wand abgerückt, trotzdem war jedes der darin befindlichen Wäschestücke klamm und hatte Stockflecken. Seufzend wickelte Femke ihr Kind in ihr eigenes Schultertuch.

War der Fremde eingeschlafen? Er saß stumm auf der Bank, die Arme untergeschlagen. Seine Anwesenheit verursachte ihr Unbehagen. Es war keine Gesellschaft, die Abwechslung und Trost brachte.

Sie setzte sich mit dem Kind in den Lehnstuhl. Sorgenvolle Gedanken gingen ihr durch den Kopf. Gestern noch die schwere Arbeit im Moor. Der Regen hatte alles aufgeweicht. Auch für die Pferde war es eine Plackerei, die Wagenräder sanken ständig in den Boden. Immerhin hatten die Männer Stroh und Bretter mitgenommen, um den Weg etwas zu befestigen. Enno hatte eine Parzelle ergattert, deren Torfschicht viele Meter in die Tiefe reichte. Mit der Leiter stieg er in die Kuhle und warf die abgestochenen Stücke Schwarztorf hinauf. Da sie so vollgesogen waren, hatten sie ein ordentliches Gewicht. Immer wieder schaufelten sie eine Torfwand zusammen, um einen Wassereinbruch zu verhindern, hoben Gräben aus, um das Wasser umzuleiten.

Ehemals waren sie überglücklich gewesen, eine eigene Kate in der neu gegründeten Kolonie Haputschendahl zu bekommen. Nun schien es jedoch, als würden sie es nicht schaffen. Enno war zu krank und zu schwach. Sönke wurde wie eine vollwertige Arbeitskraft behandelt, dabei war er doch noch ein kleiner Junge. Das einzige Schwein hatten sie geschlachtet. Sie brauchten ja etwas zu essen. Die Kuh war eingegangen. Hier wuchs ja nichts, was Kühe gern fraßen. Bloß Heide und Gestrüpp. Mit ihrem Gemüsegarten hatte sie sich abgerackert, aber nichts mochte gedeihen. Ob Ennos Geld für Klein-Trintjes Medizin reichen würde? Ach, wenn er man selbst lebend heimkäme. Bei dem Husten, den er hatte!

Femke drückte die Kleine an sich. Für einen Moment döste sie ein. Plötzlich überkam sie ein Grauen. Ihr schien, als griffe der Fremde mit kalter Hand nach ihrem Kind. Aber nein, da saß er am Ofen, machte keine Anstalten endlich zu gehen. Es waren wohl die Erschöpfung, Hunger und Müdigkeit, die ihr solche Schreckensbilder vorgaukelten.

Schon wieder klopfte es an der Tür. Diesmal war Femke erleichtert. Die Aussicht mit dem zerlumpten Kerl allein zu sein, war ihr nicht geheuer: »Herein, nur herein!«, rief sie. Unter der Dachtraufe stand Tante Alma. Als sie in der Nachbarschaft von Lütt-Trintjes Fieber gehört hatte, war sie sofort herbeigeeilt. Ihr Gehstock war immerzu tief in den Matsch gesunken, in ihren Holschen suppte das Wasser, aber egal.

Es war nicht so, dass der Fremde für Alma den Platz am Ofen geräumt hätte. Er nickte ihr zu, dabei bleckte er die Zähne, was wohl ein Lächeln hätte werden sollen.

Alma zog umstandslos ein Lammfell unter ihrem Umhang hervor. Dort war es trocken geblieben und es war noch ganz warm. Darauf betteten sie Lütt-Trintje. Eine Hustensalbe aus Meerrettich hatte sie für den Schietbüdel auch dabei. Dann griff sie in ihre Rocktasche. Darin barg sie ein winziges Eichhörnchen. Es war bei dem Sturmwind wohl aus dem Nest gefallen. Sie packten das Tierchen in eine Strohkiste. Femke gab ein paar Tropfen der letzten Milch auf einen Lumpen und tatsächlich öffnete das Findelkind sein Schnäuzchen, um daran saugen.

Die Augen des Fremden glommen auf. Kein Harm konnte diese braven Leute erschüttern. Er hatte es sich leichter vorgestellt, seine Aufgabe hier zu erfüllen.

Femke hatte summend das Kind in der Wiege geschaukelt. Nun trat Alma zu ihr und raunte: »Dein Gast ist ein rechtes Klatergatt. Mager wie so ’n Gerippe. Wat will der hier?« Bevor ihre Nichte eine Antwort fand, klopfte es abermals an der Tür.

»Aller guten Dinge sind drei«, murmelte Femke und öffnete. Vor ihnen stand Pastor Fembaken. Eben wollte er den fremden Gast auf der Ofenbank begrüßen, da schien es ihm, als wehte ihn ein kalter Hauch an. Den Schauder ließ er sich nicht anmerken. Er reichte Femke eine Kanne. Seine Frau hatte ihm Milch für Lütt-Trintje mitgegeben. Nun wollte er gemeinsam mit ihnen beten.

Der Fremde meldete sich zu Wort: »Jaja, das Beten kann nie schaden. Aber ich muss weiter, ihr lieben Leute. Habt Dank für die Gastfreundschaft.« Was hatte er es nun eilig. Er hangelte seinen Mantel vom Balken und wandte sich zum Gehen. Alma und der Pastor saßen schon bei der Wiege. Femke sah dem Kerl nach. Warum nahm er nicht Kurs auf den Weg, sondern trat hinter ihren Hühnerstall? Huh! Sie fuhr zusammen. Er hatte dort eine Sense abgestellt. Jetzt schulterte er sie und verschwand mit langen Schritten im Nebel.

»Oh ja, lasst uns beten, Herr Pfarrer!«

Irrlichte

Lüchten, Lüchten, Lämken,
güng öwer use Kämpen,
hede keen Buk noch Ben,
güng jümmer alleen

Rätsel von Ludwig Strackerjahn
(1828–1881)

Auf der ganzen Welt gibt es Geschichten rund um Irrlichter. Der Volksglaube sieht darin Geistwesen oder wandernde Seelen, die mal gut, mal böse in Erscheinung treten. Seit dem 19. Jahrhundert wurden Beobachtungen dokumentiert und lokal zugeordnet. Die Existenz von tanzenden Flämmchen über den Sümpfen oder in dunklen Wäldern ist also nicht zu bezweifeln.

Die moderne Wissenschaft bietet zwei Erklärungen für die Erscheinung. Verschiedene Tiere, am bekanntesten ist sicher das Glühwürmchen, einige Pilzarten und Organismen besitzen die Fähigkeit, Biolumineszenz zu entwickeln. Das geschieht, um Insekten oder Geschlechtspartner anzulocken. In unseren Breiten gibt es Baumpilze, aber ebenso den Speisepilz Hallimasch, die das Leuchten (allerdings nur in absoluter Dunkelheit erkennbar) zeigen. Unter Einwirkung von Sauerstoff reagiert Luciferin mit dem Enzym Luciferase. Wird Holz von dem Pilzgeflecht, dem Myzel, durchwuchert, erscheint ein ganzer Baumstumpf in kaltem Licht.

Es gibt weltweit etwa dreißig Hallimasch-Arten, nur fünf wachsen in Europa.

Die zweite Deutung spielt mit der Tatsache, dass Faulgase aus dem Schlamm aufsteigen, die sich spontan selbst entzünden können. Schwefelwasserstoff und Methan reagieren unter Einwirkung von Sauerstoff, bilden Photonenemissionen. Diese werden durch Flammen sichtbar.

Bauer Flitjepup und der Hallimasch

Bauer Flitjepup hatte auf dem Viehmarkt für gutes Geld einen Jungbullen verkauft. Handschlag. Geld über'n Tisch. Nach dem erfolgreichen Handel wurde noch ein Korn gekippt. Auf einem Bein kann man nicht stehen. Denn man Kopp in Nacken. War ein Saufaus, der Viehhändler, da konnte Flitjepup ja nichts zu.

War der Hinweg mit dem Rindvieh am Strick noch übersichtlich gewesen, so verspekulierte sich der Bauer auf dem Rückweg durch das Moor. Nö, er war ganz klar im Kopp. Aber Nebel zog auf. Abzweig links, Wasserloch rechts. Falsch. Was vorher links war, musste doch nun rechts erscheinen. Doch nicht. Oder? Hätte er man bloß eine Latüchte mitgenommen! Flitjepup stolperte über Äste und Bülten. Schon blieb sein Stiefel im Graben stecken.

Noch mal gut gegangen. Stockduster war das. In dieser Nacht würde er nicht mehr heimfinden.

Ihm fiel die Moorkate von Telse Ricklefs ein. Dort könnte er den Sonnenaufgang abwarten. Am hellen Morgen würde er nicht vom Wege abkommen. Wo war bloß dieser Schuppen? Er irrte hierhin und dorthin, lief zehnmal im Kreis. Vor Müdigkeit konnte er sich kaum auf den Beinen halten. Die Verzweiflung griff ihm mit kalter Hand an das Herz. Entkräftet lehnte sich Flitjepup an einen Baumstamm.

Nanu?! Dort war doch ein Licht. Schwankend und hüpfend umflorte der Schimmer die ausgespreizten Baumwurzeln.

»Ei, wer seid Ihr denn?«, entfuhr es dem Bauern. Besser man zeigte sich ehrerbietig. Prompt kam die Antwort: »Ich bin der gute Geist, der durch deine Gemeinde weht.«

»Ein guter Geist? In meiner Gemeinde, tatsächlich?«

»Aber ja doch. Ein Heimatdorf wie das deinige wünscht sich mancher vergeblich. Ihr steht füreinander ein, ein Jeder gibt etwas auf das Gemeinwohl in Lüttensborn.«

Trotz seiner Notlage musste der Bauer lachen: »Das wundert mich, wie Ihr so geschwollen daherredet. Für gewöhnlich wettert der Pastor, dass wir zu knauserig sind, wenn der Klingelbeutel rumgeht.«

Das dürre Männlein schwenkte die Laterne, um das Gesicht des Bauern anzuleuchten: »Da sagst du was, Flitjepup. Und euer Küster hat längst ein neues Schulgebäude angemahnt. Das Dach ist undicht, die Stube eng und zugig. Na, du hast heute gut verdient. Das Holz für euer neues Schulhaus spendierst du der Gemeinde gern, das weiß ich.«

Der Bauer seufzte: »Wenn ich jemals aus diesem verflixten Moor wieder rausfinde, dann ja, da ließe ich mich nicht lumpen.«

»Ach was!? Soll ich dir denn nun heimleuchten?«

»Das würdet Ihr tun?«

»Ja, freilich. Wenn du das Holz für die Schule lieferst, dann geht das klar.«

Der Bauer schmunzelte, dem guten Geist der Gemeinde könne er doch nichts abschlagen. So kamen sie überein. Der magere Kerl trug das Licht voran, Flitjepup spurtete hinterdrein. Richtig wurde er vor der eigenen Haustüre abgeliefert. Der gute Geist wartete weder Dank noch Gruß ab, war schon verschwunden.

Flitjepup besaß feine, abgelagerte Fichtenstämme. Da bot es sich an, eine neue Scheune zu bauen. Wieder ging es in die Stadt, ein Sägeblatt kaufen, Nägel besorgen. Wie es das Unglück wollte, kam er auch diesmal in die Dunkelheit. Schon wurde ihm ganz schummrig zumute. Ein Eulenschrei ließ ihn zusammenfahren. Aber welch ein Glück! Am Baumstumpf stand schon der Kerl mit seiner Funzel: »Hat er sich verlaufen?«

»Nicht wirklich, mhm. Kenn mich doch aus, hier im Sumpf. Aber, tja, so duster wie das mal ist …«

»Soll ich Ihm denn wieder heimleuchten?«

»Ach, schönen Dank auch, das wäre nett.«

»Soso, nett. Was ist mit dem Holz für die Schule?«

»Ach, das. Naja. Jetzt war erstmal die Scheune dran. Hab kein Holz übrig.«

Der Kerl hielt die Laterne so nah an das Gesicht des Bauern, dass Blitze in dessen Augen fuhren: »Du bist echt verblendet. Heimleuchten soll ich dir, ja? Wie lange wollen wir warten, bis dir ein Licht aufgeht?«

Damit rannte er los. Flitjepup hastete hinterdrein. Tiefer und tiefer in den Wald ging es. Er kannte sich nicht mehr aus in der Gegend. Das Licht - nun war es fort. In dieser Nacht würde er nicht mehr nach Hause finden, das war mal klar.

Da war sie doch, Telse Ricklefs Moorkate! Immerhin ein Schlafplatz. Plötzlich war die vor ihm aufgetaucht. Ganz so blöd war er wohl doch nicht.

Doch die neue Scheune brachte dem Bauern kein Glück. Eine Heuernte barg sie, dann brannte sie ab.

Ein weiteres Mal musste Flitjepup in die Stadt, um Baumaterial zu bestellen. Zur Sicherheit wollte er sich über Nacht in Stübbeckes Gasthof einmieten. Er hatte Pech. Es war Messezeit, alle Zimmer waren schon vergeben. Ihm blieb nichts übrig, als wieder in der Dunkelheit durch das Moor zu laufen. Es war wie verhext. Auch auf dieser Reise verlor er die Orientierung.

Am Baumstumpf, den zumindest erkannte er wieder, da erwartete ihn bereits der Laternenträger. Wurde auch noch frech, der Kerl: »Sieh an, wen wir da haben! Aller guten Dinge sind drei, was Flitjepup? Da soll ich dir wohl heimleuchten, ja?«

Er hatte es nicht anders erwartet. Der sogenannte Gute Geist der Gemeinde führte ihn wieder in die Irre. Es war bereits Mitternacht, da fand sich Flitjepup auf dem Dorfplatz eines weit entfernten Ortes wieder.

Der Latüchtenmann rief noch über die Schulter: »Aber an die Schule denkst du, ja?« Dann war er fort.

Das Baumaterial hatte Flitjepup für den Wiederaufbau der Scheune vorgesehen, aber, sicher war sicher, nun spendete der Zauderer alles für die neue Schule. Beim Richtfest nahm er anerkennendes Schulterklopfen hin. Man feierte den edlen Spender, ließ ihn hochleben.

Nach fünf Schnäpsen wurde Flitjepup gesprächig: »... und als ich das Holz bestellt hatte, das glaubt ihr nicht, da seh ich wie im Moor so'n Spöklich umgeht. Hat fuffzichmal versucht mich irrezuleiten. Nicht, dass ich mich je verlaufen hätte! In dem Sumpf kenne ich mich aus wie kein Zweiter. Aber gebt Obacht, am Baumstumpf vor der Weggabelung, da wo die vielen Pilze stehen, da lauert ein Kerl mit 'ner Latüchte, der meint es nicht gut mit dem Wanderer. Wer dem folgt, der landet im Sumpf!«

Der Förster griente sich eins: »Am Baumstumpf an der Weggabelung, sagst du? Dein Spöklicht, Flitjepup, das ist der Pilz Hallimasch. Er produziert einen Lichtschein, um Insekten anzulocken.

Hallimasch – das steht für Heil im Arsch, der Pilz hilft gegen Blähungen und Hämorriden, also essbar. Nur falls du dich rächen willst.«

Ausgespien

Was genug war, war genug. Eine weitere Moorwiese war durch Brandrodung verschwunden. Die Leute vom Kloster hatten sie für den Anbau von Buchweizen vorbereitet. Zwei, – vielleicht drei Ernten konnten die Nonnen erwarten, danach wäre der Boden ausgelaugt. Auf den trockengelegten Bereichen würden Kraniche, Sumpfhühner und Ringelnattern keine Nahrung finden.

Die Vögel hatten weite Teile der Moorniederung überflogen und eine traurige Bilanz gezogen. Die einst viele Meter dicken Torfschichten hatten die Menschen abgegraben. Nun durchzogen Wassergräben das Land. Auf diesen transportierten die Zweibeiner die abgestochenen Torfquader mit Kähnen bis in die Hauptstadt. Die Geschöpfe der Wasserlandschaft hielten Konferenz.

»Wir müssen die Menschen loswerden!«, die Unke spuckte aus. »Wir müssen sie vergraulen und unser altes Refugium zurückerobern!«

»Ach ja? Und du könntest das? Thronst auf deinem Fliegenpilz und schnappst mir alle Insekten vor der Nase weg. Olle Quaktasche!«, maulte der Sonnentau.

Der Kiebitz sprach: »Das mit dem Vergraulen ist gar nicht so schlecht. Wir müssten das Menschenvolk mit dem in die Flucht schlagen, vor dem sie am meisten Bange haben. Diese Moorschänder hassen die Nässe, sie fürchten, Schlamm bringt Tod und Verderben. Die Lichtspiegelungen über den Wasserlöchern ängstigen sie. Sie ekeln sich vor Insekten.«

Ein Gemurmel ging um den Weiher. Es brauchte wohl die Macht der Geister, um dieses Volk ohne Fell und Federn loszuwerden.

Das Moor-Wiesenvögelein brachte sich zu Gehör. Nein, kein Frühlingslied war das. So hieß ein Schmetterling. Auf schlichten Flügeln trug er blaue Tupfen. Hier im Norden galt er als der letzte seiner Art: »Könnten uns die guten Geister nicht helfen? Die Wassermuhmen, die Elfen, Feen und Sumpfkobolde? Die könnten sich zur Abwechslung mal in böse Gespenster verwandeln, die Menschen erschrecken und sie für immer verjagen.«

Guter Einfall, doch die Kreuzotter befürchtete, die sodann garstig Gewordenen könnten sich hernach auch gegen die Tierwelt richten. Und wie könnte man sie überhaupt herbeizitieren, die Wesen aus der Anderswelt?

Der Sonnentau reckte seine Blätter in die Höhe. Er selbst lebte zwischen den Welten, gehörte er doch zu der Art der Karnivoren. Er war eine Pflanze, aber doch verspeiste er Insekten. Den anderen war er daher nicht geheuer. Jetzt beeindruckte er die Gesellschaft mit einem pfiffigen Plan. Die Nonnen würden aus dem Moor verschwinden, das versprach er! Ein aufgeregtes Wispern ging um den Teich: »Was hat er vor? Wie soll das gehen?«

»Ihr müsst nur Geduld haben und warten bis ich etwas fange.«

Stunde um Stunde umlagerten ihn die Tiere. Lange wollte sich weder Fliege noch Käfer sehen lassen, doch plötzlich summte eine Mücke heran. »Igitt! Kriebelmücken!«, die Rehe nahmen schnell Reißaus. Damit verpassten sie Sonnentaus genialen Auftritt. Man kannte seine hundsgemeine Fangtechnik. Er reckte die rötlichen, ovalen Blätter ausgespreizt empor. Die Blattränder waren mit Zähnchen eingefasst und an einem jeden hing ein glitzernder Leimtropfen. Ließ sich ein Insekt darauf nieder, um von dem vermeintlichen Tau zu naschen, blieb es daran kleben. Sofort knickte das Blatt in der Mitte ein, die Fangzähne hielten die Beute fest und der Verdauungsvorgang nahm seinen Lauf. So war es für gewöhnlich. Doch diesmal neigte sich der Sonnentau zum Wasser hinunter, um den Leim abzuspülen. So nahm die Mücke gefahrlos Platz. Dennoch rollte sich das Blatt zusammen und schloss das Flügeltier ein. Aus dem Inneren vernahm man leises Gemurmel. Nur Wortfetzen erreichten die Tiere: »Führe deine Mitmücken zum Kloster. Viele, viele, viele sollt ihr sein, ja tausend und abertausend Mücken! Traktiert sie. Nonnen bei der Feldarbeit stören, am Backtag zustechen, beim Bierbrauen – sollen keinen Ruhe haben, diese Torftölpel. Stechen sollt ihr sie, immer blutsaugen, sollt sie nächtelang piesacken mit Summsumm. Piesacken, piesacken, piesacken – weg mit ihnen, jagt sie fort!«

Ein Husten, ein Rülpsen und die Mücke ward ausgespien. Sie schwirrte davon, nur um wenig später mit einem Schwarm, ach was, mit einem Geschwader, blutrünstiger Stechmücken zurückzukehren. Unter Beifall nahmen sie Kurs auf das Kloster. Es dauerte den ganzen Sommer. Von den vielen Mückenstichen bekamen die Nonnen Fieber. Im Herbst waren sie so entnervt, dass sie beschlossen, den Standort am galligen Sumpf aufzugeben. Sie würden für ihr Kloster einen neuen Platz finden.

Ach, war das eine Freude! Nach und nach sammelten sich wieder Pfützen und Tümpel. Pfeifengras und Flockenblume kehrten zurück.

Noch immer stachen die Menschen Torf. Sie verbrannten ihn, um große Siedepfannen zu erhitzen, mit deren Hilfe sie Salz gewannen. Sie hoben lange Gräben aus, um den Torf in ihren Kähnen fortzuschaffen. Tag für Tag verschwand eine Moorfläche nach der anderen.

Wieder brauchte Sonnentau die Hilfe seiner Mitgeschöpfe: »Leute, seht es mir nach. Ich werde hin und wieder ein Insekt verdauen. Ich muss ja am Leben bleiben, wenn ich euch helfen soll. Eine bestimmte Käferart werde ich jedoch verschonen. Es sind die Glühwürmchen. Ganz richtig gehört, meine Freunde. Sie sind keine Würmer, wie der Name vermuten lässt. Sie sind Käfer und sie können etwas, das uns sehr nützlich sein wird. Hört zu!«

Damit erläuterte er die neue Rettungsaktion. Hübsch gruselig würde das werden. Gruselig, weil sich die Zweibeiner im Sumpf verlaufen würden, hübsch, weil alles mit stimmungsvoller Illumination einhergehen sollte.

Wirklich kam alsbald ein Leuchtkäfer geflogen. Die Prozedur war die gleiche wie bei der Mücke. Sonnentau spülte den Leim von seinen Fangzähnen. Der Käfer folgte der Einladung in das Innere. Gemurmelte Anweisungen, Wortfetzen: »Viele Glühwürmchen zusammentrommeln, sollt Laternen anzünden, weit hinaus schweben, Zweibeiner in den Sumpf hineinlocken, Torfmonster irreleiten. Leuchten, Kinder, leuchten, leuchten!«

Ein Husten, ein Rülpsen und das Käferlein ward ausgespien. Einige Male kreiste es noch über ihren Köpfen und sang dabei: »Latuster, Latuster, im Moor do isset duster! Latüchte, Latüchte, ick bün dat Dödenlüchte.«

Als die Arbeiter die abgestochenen Torfstückchen zum Trocknen aufstapelten, zog schon die Dämmerung herauf. Eilig packten sie ihr Arbeitsgerät zusammen und wollten ihre Karren zum Bohlendamm schieben. Versteckt lugten die Tiere unter Büschen und herabhängenden Ästen hervor. Alle waren gespannt auf das Spektakel, das ihnen Sonnentau versprochen hatte, doch dafür musste es ganz dunkel sein. Wie könnten sie die Menschen aufhalten? Das Kaninchen flitzte los. Es sprang gegen die gestapelten Torfquader. Alles fiel zusammen.

Erneut mussten Harm Stuhrholm und Jockel Plückeboom alle Torfstücke aufsammeln und stapeln. Bis die Arbeit erledigt war, verschwanden die letzten Sonnenstrahlen. Der Himmel am Horizont verfärbte sich von orangerot in violett und wurde schließlich dunkelgrau. Harm und Jockel schulterten ihre Twicken und beeilten sich heimzukommen.

»Jockel, hörst du das?«

»Wat is los?«

»Die Stimmen, so hör doch!« Und richtig, jenseits des schwarzen Wassers erklang ein Gesang von unzähligen dünnen Stimmen: «Latuster, Latuster, im Moor do isset duster. Latüchte, Latüchte, ick bün dat Dödenlüchte! Huiiii!«

Jockel strebte der Melodie entgegen. Es war, als würde er von unsichtbaren Fäden gezogen. Harm fasste den Zipfel seiner Jacke: »Bist du verrückt? Bleib hier auf dem Weg. Du siehst ja nicht mehr, wo du hintrittst!«

»Aber Harm, sieh doch, das Licht! Da vorn. Wie herrlich es glüht. Was mag das sein?« Der Freund versuchte vergeblich ihn zurückzuhalten, war am Ende selbst neugierig und konnte sich der mystischen Erscheinung nicht widersetzen. Schwaden von blauschimmernden Lichtpunkten standen über den Wasserlöchern, wanderten zum schilfbewachsenen Ufer, tanzten über dem Erlengebüsch. Die Männer setzten hinterher, trachteten einige zu erhaschen, griffen immer nur in die Luft. Die Melodie, so schaurig schön, erstarb und mit ihr verblasste das Leuchten. Nun waren die Männer von Dunkelheit umhüllt. Sie kannten sich nicht mehr aus.

Ein Todesschrei erklang! Harm zuckte zusammen. Der Freund beruhigte ihn: »Irgendein Raubtier hat Beute gemacht.« Als ein Käuzchen rief, wurde es auch Jockel mulmig zumute. Zweige knackten. Aus dem Wasserloch war ein Gurgeln zu vernehmen. Es platschte. Ihr Stolpern und Herumirren brachte die Männer immer weiter vom Wege ab: »Da vorn, schau, da ist es wieder helle.«

Sie stapften los. Ihre Stiefel machten bei jedem Schritt ein schmatzendes Geräusch und sie sanken tiefer und tiefer in den Schlamm. Im Mondenschein spiegelten sich Baumstümpfe im Wasser, leuchteten wie Fackeln hinter Meerglas, mattgrün und türkis. Jenseits des Weihers erklang wieder das schaurige Lied.

Erst im Morgengrauen fanden die Männer zurück auf ihren Hof. Sie waren völlig ermattet.

So ging es wochenlang. Die Menschen haschten nach den Lichterscheinungen und wagten sich dabei allzu weit in den Sumpf hinaus. Eines Tages hörte Jockel beim Kaufmann von Fritze Klebus. Jener hatte nie wieder heimgefunden. Das Moor hatte Fritze auf ewig verschluckt. Einige Menschen bekamen Fieber. Der Quacksalber versicherte ihnen, ungesunde Dämpfe stiegen aus den Sümpfen auf und es sei besser, sich von den Feuchtwiesen fernzuhalten.

Dann verschwand Krusen-Dörte, die Tochter des Bürgermeisters. Dieser nahm das Unglück zum Anlass, die Arbeiten im Moor einzustellen.

Jockel Plückeboom war nie ein Feigling gewesen. Jetzt erinnerte er daran, dass sie noch allerhand Torfstücke zum Trocknen im Moor liegen hatten. Die müssten sie noch herausholen. Wie sonst sollten sie ihre Siedepfannnen befeuern? Er scharte einige Helfer um sich. Sie würden alles mit dem Torfkahn ins Dorf schaffen. Während sie mit den Karren den Torf zum Fleet transportierten, machte sich ein Specht an ihrem Boot zu schaffen. Tok, tok, tok. Schon drang Wasser ein. Alles Schöpfen war vergeblich. Der Kahn soff ab.

Der Bürgermeister ließ den Landesherrn wissen, ihr Torfvorkommen sei nun erschöpft. So zogen die Salzsieder an einen anderen Ort. Die todbringenden Sümpfe mochte kein Mensch mehr betreten.

Seit jenen Tagen ist im Moor jede Nacht Konzert. Frösche und Vögel preisen ihre feuchte Heimat. Wer sehr gute Ohren hat, hört auch den Chor der Glühwürmchen: »Latüchte, Latüchte, ick bün dat Dödenlüchte. Huiiii!«

Die Unke machte Karfunkelaugen. Sie hockte erhaben auf ihrem getupften Pilz in Purpur. Sonnentau würde ihr diesen Krötenstuhl nicht neiden. Sollte sie sich ruhig aufblasen, die olle Quaktasche!

Das Gespenst im Fahlen Moor

In Nödenbrink und allen umliegenden Dörfern war man sich einig. Im Fahlen Moor ging ein Gespenst um. Hatten die Torfstecher ihr Tagwerk vollbracht, sputeten sie sich, um den Heimweg vor Sonnenuntergang zu schaffen.

Wen die Dunkelheit überraschte, dem erschien ein schwankendes küselndes Licht. Der weißbläuliche Schein zog mal hierhin, mal dorthin, verschwand und tauchte an anderer Stelle wieder auf. Dazu vernahm der Wanderer ein Seufzen und Stöhnen und eine hohle Stimme rief: »Bliev op'n Damm! Bliev op'n Damm! Bliev op'n Damm!«

Manchmal schien sich der Warnruf in der Ferne zu verlieren, tauchte aber desto fürchterlicher in unmittelbarer Nähe wieder auf.

Menschen, die am Dorfrand lebten, konnten das Getön von ihrem Bett aus hören und mancher, der spät aus dem Wirtshaus heimkehrte, sah das Licht durch die Bäume scheinen.

Heute erzählen sie in Nödenbrink, Knecht Willem habe das Gespenstertreiben zu verantworten, aber Bauer Okke Haberklothen habe es beendet.

Okke war unbeweibt, fünfzig Jahre, drei Monate und drei Tage alt und somit ein rechter Hagestolz. Warum es keine bei Okke aushielt? Nun, die Bauernmädchen, ihre Mütter und Tanten hielten ihn für einen Nöckerpott. Die Mannsbilder sagten, Okke sei erst so verdrießlich geworden, nachdem man ihm eine vor der Nase weggeheiratet hätte. Seither wäre Okke nicht so recht auf dem Damm.

Auf sein Äußeres achtete Haberklothen nicht. Wenn ihn die Feldarbeit nicht in die Stiefel zwang, trug er Holzklotschen. Seine mageren Beine ragten daraus empor, denn die Säume seiner Hosen stopfte er in die groben Wollstrümpfe. Es waren noch selbstgestrickte seiner verstorbenen Mutter, inzwischen zerlöchert und verfilzt.

Brachte eine Nachbarin ihm einen Topf Suppe, brummte Okke nur. Er war nicht undankbar, er fand eben keine Worte

Einmal machte ein Hausierer die Runde im Dorf. Der bot alles feil, was ein Landbewohner brauchen konnte. Duftende Seife, Mausefallen, Knöpfe, Kartoffelschälmesser, Zigarren, Lebertran. Nur widerwillig ließ sich der Bauer auf einen Handel mit ihm ein, hatte er doch just seine Ochsen angespannt, um die Heuernte einzufahren. Es war eilig, denn es zog grad ein Gewitter auf. Haberklothen kaufte dem Handelsmann immerhin eine Schachtel Priem ab.

Der Knecht sagte: »Nur um den Kerl mit den Schartheken schnell loszuwerden, das ist mal klar.«

Der Hausierer bemerkte die angeschirrten Ochsen und bat Okke, ihn rasch durch das Moor zum Nachbardorf zu fahren, er habe dort Quartier bestellt, aber nun drohe ja Regen, die Dämmerung setze schon ein und er fürchte in jenem unsicheren Gelände den rechten Weg zu verfehlen.

Okkes Knecht Willem wurde es nicht müde, über die folgenden Ereignisse zu berichten:

»Ob ihr das hören wollt oder nicht, Okke ließ den armen Hausierer im Regen stehen. Dem wurde das zum Verhängnis.«

Der Bauer bedeutete dem Kerl, er müsse nur immer am Düker entlanglaufen und an der Weggabelung rechts auf dem Knüppeldamm weiter: »Du musst alleene gahn, ick brug mine Ossen taun Heumaken. Bliev jümmers oppen Damm!«

Den Ratschlag nahm sich der Hausierer zu Herzen, nahm allen Mut zusammen und rannte los. Er war in der Dunkelheit wohl doch vom Wege abgekommen. In der Gastwirtschaft in Hürpel kam er jedenfalls nie an. Drei Tage später fanden die Torfstecher seine Kiepe am Erlenhain. Sie lehnte an einem Baumstamm, war aber völlig leergeräumt. Der Handelsmann selbst war nie wieder aufgetaucht.

Erst seit jener Begebenheit spukte es im Fahlen Moor. Willem kommentierte das so: «Dat nu so'n Dödenlicht umgoat, dat is nur wegen Okke.«

Einmal kam eine Frau in das Dorf, die fragte auf allen Höfen nach Näharbeiten. Sie bekam viele Aufträge, denn so einen neumodischen Kram wie eine Nähmaschine hatte keine der Bauersfrauen. Munter sprach die Tüchtige auch Haberklothen an. Seine Hosenbeine, die seien wohl zu lang? Sie bot ihm an, alle Hosen für ihn zu ändern und sie bemerkte die fehlenden Knöpfe an dessen Joppe, schaffte auch da Abhilfe. Und die Hemden seines verstorbenen

Vaters? Die könnte sie ihm doch enger nähen. Bauer Haberklothen war mit allem einverstanden.

Es gab nur ein Problem. Die Schneiderin hatte doch nicht ahnen können, dass in diesem Ort so viel Arbeit auf sie wartete, deshalb hatte sie ihre Nähmaschine zunächst im Gasthof in Hürpel untergestellt. Ob Okke so nett wäre, mit ihr dorthin zu fahren, um das Gerät herzuholen?

Haberklothen machte eine Drehung von hundertachtzig Grad. Er spannte an und fuhr mit der Frau durch das Moor. Sie mussten erst eine Transportkiste besorgen und die Maschine in Stroh packen, um das kostbare Arbeitsgerät vor Erschütterungen zu schützen. So dunkelte es bereits, als sie den Heimweg antraten.

Die nickenden Schleier der Wollgrasblüten verschwammen im Dunst. Da schimmerte ein bläuliches Licht über der Wiese. In den Bäumen seufzte und stöhnte der Wind. War es nur der Wind?

»Bliev op'n Damm! Bliev op'n Damm!«

Die Frau zitterte neben Okke auf dem Bock. Ihre Hände hatte sie so fest um die Kante der Sitzbank geklammert, dass die Knöchel weiß hervortraten. Okke nahm die Zügel in eine Hand und legte den freien Arm um die Schultern der Frau. An das fahle Licht gewandt rief Okke ins Moor: »Du büst jawoll 'n gauten Kierl und erschreckst mir die Lady hier nich!« Da ließ sich das Moorgespenst ein letztes Mal hören: »Büst allwedder opp'n Damm. Büst allwedder opp'n Damm!«

Die Näherin blieb für immer an der Seite von Okke Habeklothen. Sie strickte ihm neue Socken, machte ihm Bratkartoffeln und jätete im Gemüsegarten.

Einmal wollte sie in der Knechtkammer saubermachen, da gewahrte sie unter Willems Bett einen offenen Holzkasten mit vielen Päckchen duftender Seife darin. Sie sah grüne Schachteln mit Kautabak, sie fand Mausefallen, zwanzig Schälmesser, Zigarrenkisten, Zwirnrollen und Säckchen voller Knöpfe. Sie wunderte sich sehr über diesen Fund und setzte den Bauern in Kenntnis.

Okke nickte. Er rief den Knecht in die gute Stube. Auf dem Tisch lagen all die Waren, die Willem gehortet hatte. Darunter auch stapelweise grüne Schachteln mit gepressten Goldlettern und aufgeklebter Steuermarke, seine Lieblingssorte Priem.

»Willem, du machst besser, dass du aus dem Dorf verschwindest, ehe ich es mir anders überlege und dem Amtmann Bescheid sage. Dass mein Kautabak zur Neige geht, das ist doch ein glücklicher Zufall, was?«

Seit jener Zeit grüßt man sich in Nödenbrink mit den Worten: »Na, büste op'n Damm?«

»Jo, bün allweddder op'n Damm!«

Ein Gespenst im Fahlen Moor? Keine Rede davon.

Hinfort mit ihm

Das Hammelwarder Moor galt als Spukloch. Ein Geist ging dort um. Er zupfte am Jackenärmel des Wanderers und stöhnte: »Hilfe, zu Hilfe, Doktor Pinkebüll.« Erst am Birkenhain verschwand das Gespenst. War der Wanderer schon erleichtert, überkam ihn das Schaudern ein zweites Mal. Dort tanzte ein blaues Flämmchen über dem Wasser.

Erkundigte man sich bei den Menschen im Dorf nach diesen Erscheinungen, schüttelten sie grinsend den Kopf: »Nö, is allens rechtens in use Mur.« Die wussten mehr, als sie zugaben, klar.

Greitje lebte allein mit ihrem Kind in der Kate am Dorfrand. Und die ließ sich niemals in ein Gespräch verwickeln. Fragte jemand: »Ja, Greitje, wo ist denn der Vater der Kleinen?« Dann kam nur: »Hinfort isser. Gut so!«

Da reimte sich der Fremde allerhand zusammen. So höre.

Greitje schürte das Feuer im Küchenherd. So recht mochte es nicht brennen. Es war fast Mittag vorbei, der Grützpott erst lauwarm und das Hühnerbein für Enno zeigte noch keine Bräune. Der Geruch der halbrohen Keule ließ sie würgen. Schon flog die Klöntür auf, polterte an die Wand. Enno bugsierte den Stiefelknecht mit einem Fuß heran, doch er hatte längst eine Schlammspur im Eingang hinterlassen.

»Wieso ist mein Essen noch nicht fertig? Jeden Tag komme ich um Punkt Zwölf herein und jeden

Tag muss ich warten. Du bist das trantütigste Weib, das mir je untergekommen ist. Unsereins rackert sich draußen ab und das Weib ist zu faul, die Bratkartoffeln zu richten!«, damit flog der Stiefelknecht Richtung Schwippbogen, verfehlte Greitjes Kopf nur um Haaresbreite. Ihre Hände zitterten. Der Fleischwender schepperte zu Boden. Als sie sich wieder aufrichtete, überkam sie eine Welle von Übelkeit. Man gut, dass der Tisch bereits gedeckt war. Ennos Gebrüll ging über in ein anklagendes Selbstgespräch. Hätte man wenigstens einen Statthalter, der einem auf dem Hof zur Hand ginge: »Awer de Olsche is to dösig tom Kinnerkreegn.«

Bei dem Gedanken, ihre Kinder, sollte sie je welche bekommen, diesem Grobian auszuliefern, wurde es Greitje angst und bange. Sie beruhigte den Nölepeter mit einem Bier, stellte auch noch einen Köm dazu. Wagemutig war das allemal, denn nicht immer wirkte das besänftigend. Manchmal machte der Schnaps ihn umso aggressiver.

Am Nachmittag ging es zum Torfstechen in das Moor. Zu Greitjes Trost waren immerhin die Nachbarinnen Mette und Insa dabei.

Das Bücken beim Stapeln der Torfquader bekam Greitjes Kreislauf nicht. Auch quälten sie heftige Leibkrämpfe. Insa gab ihr zu trinken und schlug vor, sie solle sich etwas ausruhen. Als Greitje der Aufforderung nachkam, explodierte Enno. Schon erhob er den Spaten gegen sie, da fielen ihm die anderen Frauen in den Arm. Insas Mann packte Enno am Schlafittchen: »Hör zu, du bekommst es mit mir zu tun, wenn du je wieder die Hand gegen Greitje erhebst, verstanden?« Enno gab klein bei, aber jedem war klar, dass es seine Frau am Abend desto härter treffen würde.

Durch ihr Gerangel hatte niemand bemerkt, dass Greitje sich immer weiter in das Moor zurückgezogen hatte. Sie kroch voran, bis sie ganz verborgen im Birkendickicht lag. Dort gebar sie, was einmal ein Kind hätte werden sollen. So klein, so schrumpelig und rotgrau war es, dass es zum Erbarmen war. So sehr Greitje es auch rieb und anhauchte, es machte keinen Mucks. Mausetot. Am Ende ihrer Kräfte übergab sie es der gurgelnden Finsternis. Mit Händen, die es so gern liebkost hätten, schöpfte sie warmen Schlamm darüber, deckte es mit Zweigen zu.

Die anderen hatten Greitjes Fortbleiben ignoriert, jedoch drückte Insa ihren Arm. Auf dem Heimweg murmelte Greitje in sich gekehrt leise Gebete.

In den kommenden Tagen, Wochen und Monaten ließ sie ein Gedanke nicht los. Wäre bloß der Enno im Moor abgesoffen und sie hätte stattdessen das Würmchen behalten dürfen! Sie wäre allein mit einem Kind schon klargekommen. Da waren ihre Kuh, der Gemüsegarten, die Hühnchen.

Sie ging zum Kräuter- und Pilzesuchen in den Wald. Oh, in der grünen Wildnis kannte sie sich gut aus. Noch besser wusste Insa Bescheid, wenn es um essbar, ungenießbar oder um die heilsame Wirkung der Pflanzen ging. Oft gingen sie gemeinsam durch den Wald und über die Moorwiesen und wer weiß schon, worüber sie so tuschelten.

Der Enno freute sich über Champignonpfanne mit Rührei, über Pfifferlinge mit Petersilie oder Wiesenkerbel. Sein Misstrauen beruhigte Greitje mit 'ner Buddel Bier oder einem Köm. Es war ja nicht nur lecker. Manchmal wurde Enno nach der Mahlzeit ganz wunderlich zumute. Er lallte und sang, sah bunte Kringel vor den Augen. War er mal so richtig abgetaucht und ganz harmlos, war Greitje ihm ganz gern zu Gefallen. Würde ihr Plan aufgehen, wäre sie nie wieder so traurig und allein. Ennos Körperkräfte nahmen ab. Allmählich wurde er wirr im Kopf. Um ihn zu stärken, brachte Insa Kerbelsuppe. Dann wieder kamen Johann und Mägde mit Schweinehaxe und Pilzrahmsoße, um den Leidenden aufzupäppeln. Den Zippel Fliegenpilz fand Enno nicht. Greitje machte Gurkensalat mit Wiesenkerbel dazu. Oder war es Petersilie? Das Grünzeug war sich gar so ähnlich. Dem Schierling sei Dank, haute es Enno von den Füßen. Im Argwohn konnte er noch den Kochlöffel nach Greitje werfen. Den Schürhaken erreichte er gottlob nicht mehr. Seine Hüften wurden kraftlos und knickten ein. Enno kippte vom Stuhl und hämmerte mit den Fäusten auf den Boden, rief nach dem Quacksalber.

»Och Enno, bis ich den abgeholt hab und mit ihm hier bin, bist du mir verreckt. Besser ich bringe dich gleich zu ihm.

Wie ging das bloß zu? Im rechten Moment kam die Insa, um zu helfen. Sie hievten den Bauern in den Torfkarren und Insa, ja Insa, Greitjes Bauch war gar zu hinderlich, Insa schob ihn einmal um das Dorf.

»Schon gut, Enno, gleich sind wir bei Doktor Pinkebüll.«

Damit ging es schnurstracks in den tiefsten Sumpf. Enno konnte den Kopf nicht mehr hochhalten. Er sabberte, bekam Schnappatmung. Schwupps hatten Insa und Greitje den Kerl in das schwarze Loch gekippt: »Hinfort mit ihm! Gut so.«

Es stiegen keine Luftblasen auf.

In Greitjes Küche tranken sie Bier. Mette, Johann, Franz, und Insa.

In der Dämmerung ging Greitje allein in das Moor. Dort hinter dem Birkenhain über dem Wasserloch, da tanzte ein blaues Flämmchen. Greitje warf Vergissmeinnicht und Tausendliebchen hinein.

Die Sumpfohreulen-Prinzessin

Vor langer Zeit gab es das Königreich Mooraland. Es verdankte seinen Namen dem Moor, welches in unmittelbarer Nähe bis an die Schlosswiesen grenzte. Vom Schloss aus konnte man es sehen, da dieses auf einer Anhöhe gebaut worden war. Der Herrschaftssitz des Königs sah aus wie ein riesengroßes Haus mit jeweils einem hohen Turm zur linken und einem zur rechten Seite. Im Mittelteil des weißen Schlosses wohnten König Jasper und seine Frau Jorina. Im rechten Turm befanden sich die Wohnräume der Mutter des Königs und im linken Turm gab es eine Küche und Zimmer für die Dienerschaft. Was fehlte, war das Kinderlachen, obwohl sich Jasper und Jorina schon lange Zeit Kinder wünschten.

»Meine Liebste«, sprach der König, »meine Mutter hatte auch lange Zeit auf Kinder warten müssen, vielleicht kannst du mit ihr über unsere Sorge sprechen.«

»Das will ich gerne für uns tun«, antwortete die Königin.

Hernach stieg Jorina langsam die Treppe im Turm nach oben, in dem ihre Schwiegermutter ihre alten Tage verbrachte. Als sie an einem Turmfenster vorbeikam, schaute sie hinaus. Nebelschwaden waberten dicht über dem Boden und wehten vom Moor zu den Schlosswiesen heran. Man musste hier geboren sein, um bei diesem Anblick kein unheimliches Gefühl zu bekommen. Jorina klopfte höflich an die Tür, hinter der das Wohnzimmer von Beeke, der Königsmutter, lag.

»Komm herein, liebes Kind.« Die alte Dame deutete mit einer Hand auf einen goldfarbenen Sessel. Dort nahm die junge Königin Platz und suchte nach den rechten Worten, um ihren Kummer mitzuteilen.

»Verehrte Schwiegermutter, Ihr Sohn und ich möchten schon lange Zeit ein Kind bekommen, doch dieser Wunsch ist uns bisher nicht erfüllt worden.

Jasper meinte, dass auch Ihr lange auf Nachwuchs warten mussten. Könnt Ihr mir einen Rat geben?«

Das Minenspiel von Beeke wechselte vom Lächeln, zu Sorgenfalten und dann hin zum Geheimnisvollen.

»Du wirst den Weg gehen müssen, liebes Kind, den auch ich gegangen bin. Für heute kann ich dir vorerst nur einen Ratschlag geben. Wichtig ist, dass du alles genau befolgst, was ich dir jetzt vorgebe.« Vom Kinderwunsch getrieben nickte die junge Königin mit dem Kopf und hörte aufmerksam zu.

Der Vollmond stand genau über dem Moor. Eine Sumpfohreule krächzte aufgeregt, als sich eine weißgekleidete Frau auf das Moor zubewegte. Bevor dieses für sie gefährlich wurde, hielt sie inne.

»Dort liegt der Findling im Mondlicht, genau wie Mutter Beeke es gesagt hat, hier soll ich warten. Aber auf wen, das weiß ich noch nicht«, dachte Jorina bei sich und zitterte. War es die Kälte oder die Angst vor dem Ungewissen?

Ein Uhu rief aus der Ferne sein schauerliches »Huh-huh, Huh-huh.«

Tränen liefen über das Gesicht der Königin. »Ich würde alles für ein Kind geben«, hauchte sie in die Nacht.

Sogleich schwebte lautlos eine Sumpfohreule heran, rüttelte mit ihren Schwingen über dem Findling und setzte sich hernach auf ihm nieder. Starre Augen, welche schwarz umrahmt waren, richteten sich auf die junge Frau. Oben am Kopf der

Eule stellten sich kleine Ohren auf. Für den kurzen Moment zwischen Wirklichkeit und Illusion, setzte bei Jorina der Atem aus.

»Du bist also die Königin, die ein Kind bekommen möchte?«

Erschrocken darüber, dass die Eule sie anredete, verschlug es der jungen Frau zunächst die Sprache.

»Du brauchst keine Angst vor mir zu haben. Ich habe schon einmal Königin Beeke zu einem Kind verholfen.«

»Ich bin Königin Jorina. Mein Mann der König und ich warten schon sehr lange auf Nachwuchs. Ein Kind ist unser größter Wunsch und ich bin bereit, alles dafür zu tun.«

Gelbe Augen blickten sie streng an. »Deine Mutterliebe muss groß und stark sein, damit dein Wunsch erfüllt wird.«

»So wie sie es bei Mutter Beeke gewesen ist?«, wisperte die Königin.

»Ja, sie hatte sich an alle Regeln gehalten«, erwiderte die Eule.

»Dann werde auch ich es schaffen. Was muss ich tun, Frau Eule?«

»Merke dir meinen Namen für alle Zeiten, vergiss ihn nie. Wenn du mich brauchst, rufst du: ›Winia, ich bitte dich, lass mich heute nicht im Stich.‹ Ich werde dann abends hier beim Findling auf dich warten.«

»Ich werde mir diesen Namen merken. Was muss ich noch tun, um ein Kind in meinen Armen halten zu dürfen?«

Die Eule breitete ihre Flügel aus und sprach: »Du wirst in neun Monaten ein Kind zur Welt bringen und in den nächsten Jahren werden weitere folgen. Aber es gibt eine Bedingung: Du musst mir drei Tage nach der Geburt dein zweitgeborenes Kind zu diesem Stein bringen und es mir überlassen! Du wirst es nie wiedersehen. Nur wenn du diese Verpflichtung eingehst, wirst du Mutter werden. Die Entscheidung dazu musst du ganz allein treffen.«

Ein kurzer Moment einer Ohnmacht ließ Jorina niedersinken. Als sie wieder zu sich kam, war die Eule verschwunden.

Am nächsten Tag stand die junge Königin am großen Stein und rief: »Winia, ich bitte dich, lass mich heute nicht im Stich!«

Während sie auf die Eule wartete, dachte sie an ihre endlosen Gedanken der letzten Stunden. Sie würde nur ein Kind zur Welt bringen, eines war besser als keines. Mit der Eule schwebte auch Jorinas Hoffnung auf ein Kind heran.

»Hast du dich entschieden und wirst auf meine Bedingungen eingehen?« Winia setzte sich auf den Findling und fixierte die junge Königin mit ihren Augen.

»Ja, ich bin zu allem bereit.« Jorina hielt dem Blick der Eule stand.

»So gehe nach Hause, wir werden uns wiedersehen.« So lautlos wie sie gekommen war, verschwand die Eule und Jorina spürte Freude im Herzen, aber auch eine schwere Last auf ihren Schultern.

Neun Monate später lag die Königin mit Wehen im Bett, neben ihr saß die Königsmutter Beeke und hielt ihre Hand.

»Jasper ist heute Morgen ausgeritten und noch nicht zurückgekehrt.«

Jorina hechelte.

»Ich bin bei dir, meine Liebe«, tröstete sie die alte Königin. Wenig später war sie die erste, die den kleinen Prinzen in Empfang nahm und ihn seiner Mutter in die Arme legte.

Diese flüsterte glücklich erschöpft: »Willkommen kleiner Bente.«

Erneut schmerzte ihr Bauch und Beeke liefen Tränen über das Gesicht.

»Du bekommt ebenfalls Zwillinge, Jorina.«

Fünf Minuten später wurde eine kleine Prinzessin geboren. Unglück gesellte sich zu dem eben noch empfundenen Glück. Die alte Königin küsste das rosige Gesicht der Kleinen.

»Du kannst sie sie jetzt einmal in den Armen halten und ihr einen Namen geben. Ich werde das Kind danach mit zu mir nehmen. Drei Tage lang kannst du deine Prinzessin besuchen und füttern, aber danach weißt du, was zu tun ist.«

Traurigkeit machte sich breit. Jorina drückte beide Kinder an sich und sprach: »Ich werde euch beide für immer liebhaben, dich Bente und auch dich kleine Marieke.« Dann schaute sie ihre Schwiegermutter an und fragte: »Wie hieß deine Tochter?«

»Inken!«

König Jasper begrüßte seinen neugeborenen Sohn voller Freude. Ein Bär hatte seinen Weg versperrt und er musste einen langen Umweg reiten. »Nun ist das Glück bei uns eingezogen«, rief er vor Freude, seine Frau aber weinte.

»Es sind nur Freudentränen«, sagte sie.

Am dritten Tag nach der Geburt sprach die junge Königin, dass sie einen kurzen Spaziergang machen wollte, ganz alleine. Der König wachte über den Schlaf des kleinen Prinzen. Jorina stieg den Turm nach oben. Beeke erwartete sie schon. Das Kind war in eine Decke gewickelt und schlief. »Nimm diese kleine Krone und lege sie neben Marieke auf den Findling, so hatte ich es bei Inken auch getan.«

Jorina legte die kleine Prinzessin und das Krönchen behutsam auf den Findling. Sie küsste ihr Kind ein letztes Mal und weinte. Dann rief sie: »Winia, ich bitte dich, lass mich heute nicht im Stich.« Danach drehte sie sich um und ging.

Zehn Jahre später tobten vier Königskinder im weitläufigen Garten herum. Ihr Vater ermahnte den Ältesten: »Bente, achte bitte auf deine Geschwister. Weiter als bis zum Findling dürft ihr nicht laufen. Dahinter beginnt das Moor und es wird gefährlich. Eure Mutter und ich werden Großmutter Beeke herunterhelfen, damit sie mit uns im Garten sitzen kann. Bleibt schön brav!«

Kaum waren die Eltern nicht mehr zu sehen, stürmten die Kinder zum Findling. »Hört nur, wie die Frösche quaken, und schaut, wie die Libellen tanzen«, rief Bente. Die Kinder blickten fasziniert auf die Schönheit in der Ferne.

Wie aus dem nichts kam auf einmal ein in Sackleinen gekleidetes Mädchen hinter dem Findling hervor. Es hatte rote Haare. Auf der rechten Kopfseite endeten diese kurz oberhalb des Ohres, auf der anderen Seite hingen sie lang bis über die Schulter herunter. Ihren linken Arm konnte sie nicht bewegen.

»Ihr seid die Königskinder, nicht wahr?«, fragte es mit einer kratzigen Stimme.

Bente antwortete: »Ja, das sind wir und wer bist du?«

»Ich heiße Winia. Ich wohne auf der anderen Seite des Moores. Ich wollte euch etwas Geheimnisvolles zeigen. Habt ihr schon einmal blaue Frösche gesehen? Wenn man sie fängt und küsst, werden aus ihnen Kinder, mit denen man spielen kann.«

Die Neugierde der Kinder war geweckt. »Eigentlich dürfen wir unseren Garten nicht verlassen,« meinte Bente.

»Habt keine Sorge, ich kenne mich im Moor aus. Wir sind in kurzer Zeit wieder zurück, eure Eltern werden es gar nicht bemerken.« Winia winkte den Kindern zu und sie folgten ihr. »Gefährlich wird es erst weiter hinten im Moor, hier vorne braucht ihr keine zu Angst haben.«

Als aber die Füße der Kinder nass wurden, kam eilends eine Sumpfohreule mit einem Krönchen auf dem Kopf angeflogen. Sie stürzte sich auf Winia und hackte mit ihrem Schnabel heftig auf das freiliegende Ohr ein. Das Mädchen schrie auf. Sie lief von der Eule verfolgt ins Moor und war auf einmal verschwunden.

Die Beschützerin flog zu den Königskindern zurück und sprach: »Folgt mir, ich bringe euch nach Hause.«

Verängstigt nahmen sich die Geschwister bei der Hand und vertrauten sich dem Vogel mit der Krone an. Bald sahen sie ihren Garten und hören ihre Eltern rufen: »Kinder, wo seid ihr?«

Die Kleinen liefen ihren Eltern entgegen, nur Bente drehte sich noch einmal um und sagte: »Danke, liebe Eule, dass du uns gerettet hast.«

Die Eule antwortete: »Wo immer du auch bist, Bente, ich bin niemals weit von dir entfernt. Ich passe auf dich auf. Wenn du einmal Hilfe brauchst, komme zu diesem Stein und rufe mich mit den Worten: ›Marieke, ich bitte dich, lass mich heute nicht im Stich.‹ Und nun gehe zu deinen Eltern.«

Zuerst bekam Bente Schelte, weil er mit den Geschwistern zum Moor gegangen war. Dann aber erzählten die Kinder, was passiert war. Die Eltern und Großmutter Beeke hörten entsetzt zu. Als Bente berichtete, was die Eule zu ihm gesagt und er den Spruch mit dem Namen der Eule aufgesagt hatte, fiel die Königin in Ohnmacht.

Wenig später hatte Jorina sich erholt und zusammen mit Beeke erzählten sie Jasper die Geschichte von Winia. Der König war aufgebracht, aber auch erstaunt. Er hatte also eine Schwester gehabt und eine Tochter, welche nun eine Sumpfohreule war.

Am nächsten Tag hatten sich alle von dem Schrecken erholt und Jasper hatte sich einen Plan zurechtgelegt.

»Bente, wir beide gehen zum Findling und du rufst deine Eulenschwester. Wir werden fragen, wie wir sie befreien können.« Bente willigte entschlossen ein, da er unbedingt seine Zwillingsschwester kennenlernen wollte.

»Marieke, ich bitte dich, lass mich heute nicht im Stich«, rief er so laut er konnte ins Moor hinaus. Der König sah, wie sich eine Sumpfohreule mit dem Krönchen näherte und bald saß sie auf dem Stein. »Marieke, bist du meine Tochter?«

»Ja Vater, das bin ich.«

»Kind sag, wer ist Winia? Kann sie dich wieder in einen Menschen verwandeln?«

»Nein Vater, das können nur du und Bente gemeinsam schaffen. Ich will euch von Winia erzählen.«

Vater und Sohn setzten sich zur Eule und hörten aufmerksam zu.

»Winia war einst eine gute Moorfee. Da sie aber allein war, wollte sie unbedingt jemanden bei sich haben, dem sie das Moor zeigen und ihren Zauber beibringen konnte. Vor über dreißig Jahren begegnete sie Königin Beeke, die aus Verzweiflung ihrer Kinderlosigkeit ins Moor gehen wollte. Winia verwandelte sich in eine Sumpfohreule und rief ihr zu: ›Geh zurück, dort wartet dein Glück.‹ Sie zeigte meiner Großmutter den Weg zurück zum Findling. ›Du kannst ein Kind bekommen, aber nur wenn du mir dein zweitgeborenes Kind überlässt.‹ So kam Inken zur Moorfee und wurde von ihr großgezogen. Nach ein paar Jahren verzauberte sie Inken in eine Sumpfohreulen-Prinzessin. Sie verstanden sich gut bis zu dem Tag, als sich ein Kind im Moor verirrte. Inken wollte es retten und Winia wollte, dass es im Sumpf versank. Die beiden Eulen kämpften und Inken verletzte sich, sie hatte eine gebrochene Schwinge. Sie konnte das Kind nicht retten und Winia bekam eine böse Seele. Sie verwandelte Inken in einen Menschen zurück und sperrte sie in eine Hütte am anderen Ende des Moores ein. Winia holte sich bei meiner Mutter Jorina eine neue Kröncheneule, mich. Inken lebt immer noch in der Hütte. Kommt jemand in ihre Nähe, verwandelt sich Winia in einen Bären, um ihn zu vertreiben. Einmal geriet sie dabei mit der linken Vorderpfote in eine Bärenfalle. Sie konnte sich mühsam befreien. Seitdem kann sie ihren linken Arm nicht mehr bewegen und auch nicht mehr als Eule durch die Lüfte fliegen. Schon seit dem Kampf mit Inken konnte sie auf dem rechten Ohr nichts mehr hören. Dies sind ihre Schwachstellen. Seitdem wird sie aber von Tag zu Tag wütender. Deshalb wollte sie gestern alle Königskinder vernichten.«

Der König wurde zornig. »Sie soll für ihre bösen Taten sterben.«

»Vater, ihr Tod ist die einzige Möglichkeit, Inken und mich zu befreien.«

Am nächsten Tag machte sich ein Tross Jäger auf den Weg in den Wald, welcher bis zum anderen Ende des Moores reichte. Angeführt wurde er von König Jasper und dem Prinzen Bente. Der Geruch von Menschen, Pferden und Hunden strömte bis ins Moor.

»Es droht Gefahr«, murmelte die Moorhexe. »Ich muss handeln und mich verwandeln.«

Zur gleichen Zeit flog die Kröncheneule zur Hütte am anderen Ende des Moores und rief: »Inken hörst du mich, ich komme und befreie dich.«

Aus dem Inneren hörte man ein Rufen: »Ja, ich höre dich. Bist du es Marieke?«

»Ich bin es, nun höre mir jetzt bitte gut zu. König Jasper ist auf dem Weg hierher, um dich zu befreien. Wir beide müssen aber vor ihm im Wald sein. Je näher er an das Moor herankommt, desto größer wird die Hexenkraft von Winia. Wir beide haben ebenfalls Zauberkräfte, wenn wir sie zusammentun, können wir sicher das Schloss der Hüttentür sprengen und dich befreien. Wir beide kennen den Spruch und bei »drei« sprechen wir ihn gemeinsam. Eins, zwei, drei ›Zauberkraft alles schafft. Wir sind stark, denn wir sind zwei. Hier und jetzt ist das Böse für immer vorbei.‹«

Mit einem Knacken und Knarren öffnete sich die Tür wie von Geisterhand und Inken war frei. »Auf in den Wald, zusammen können wir Winia vernichten.«

König Jasper teilte seine Jagdgruppe auf. »Hört gut zu, Männer. Ihr geht in drei Gruppen voran. Die erste bleibt in einem großen Abstand hinter uns, die zweite schreitet links und die dritte rechts von uns voran. Denkt daran: Der Bär kann auf dem rechten Ohr nichts hören und er kann mit dem linken Arm nicht schlagen. Mit diesem Vorteil können wir ihn erlegen. Prinz Bente und ich reiten den geraden Weg durch den Wald, um ihn anzulocken.«

Die Jäger kamen vom Moor aus gesehen von Süden heran. Winia wartete mitten im Wald auf sie. Ihre Wut brüllte sie laut heraus. An ihr als Bär würde niemand vorbeikommen. Von Norden her näherten sich unbemerkt die Eulenprinzessin und Inken. Die Eule flog voran, um für Inken einen sicheren Weg auszuspähen.

Die Hunde der Jäger wurden unruhig, der Bär musste in der Nähe sein. Mutig ritten König und Prinz weiter. Mit einem Mal kam der Bär hinter einem mächtigen Baum hervor und stellte sich brüllend auf seine Hinterbeine. Die Pferde bäumten sich erschrocken auf und Bente fiel vom Pferd. Der König sprang von seinem Ross herunter, um seinen Sohn zu schützen. Der Bär aber stand schon vor dem Jungen und brüllte zu Jasper herüber: »Erst wird der Prinz und danach du sterben und bald hole ich mir deine ganze Familie.« Als das wilde Tier Bente mit der rechten Pranke töten wollte, erschienen wie aus dem Nichts Inken und die Eulenprinzessin. Gemeinsam riefen sie: »Zauberkraft alles schafft. Wir sind stark, denn wir sind zwei. Hier und jetzt ist das Böse für immer vorbei.«

Da sank der Bär tot hernieder. Vor aller Augen zerfiel sein Körper und übrig blieb nur ein Häufchen Asche auf dem Waldboden. Die Eule rüttelte sich heftig in der Luft und verwandelte sich in ein Mädchen, das eine Krone trug. Inken griff mit der Hand in die Tasche ihres Kleides und holte etwas heraus. Vor Jaspers Augen öffnete sie diese, darin lag ein kleines Krönchen.

»Schwester«, riefen Prinz und König gleichzeitig aus und ein jeder nahm seinen Zwilling in die Arme.

Bente und Jasper stiegen auf ihre Pferde und jeder nahm seine Schwester zwischen den Zügeln sitzend mit nach Hause.

Am Schloss angekommen ließen die Jäger ihr Jagdhorn ertönen und die ganze Königsfamilie eilte herbei. Ein Tränenmeer der Freude wollte vorerst nicht enden. Nach einem anschließenden dreitägigen Willkommensfest wohnten fortan nur glückliche Menschen im Schoss.

Mooraland gibt es heute nicht mehr, ebenso wenig wie die böse gewordene Moorfee Winia. Was es heute noch gibt, das sind Sumpfohreulen. Ob eine davon ein Krönchen trägt?

Das Lichtenmoor

Nordöstlich von Nienburg liegt das Lichtenmoor zwischen Aller und Weser. Es grenzt an Rethem und Steimke. Bis in das 19. Jahrhundert hinein war es größtenteils naturbelassen. Nur in den Randbereichen hatten die Bewohner der umliegenden Dörfer Torf gestochen, um Brennmaterial zu gewinnen. Es gab Versuche der Urbarmachung und erste Kultivierungsversuche.

Ins Visier der Öffentlichkeit kam das Lichtenmoor nach dem Ersten Weltkrieg. Man errichtete dort 1914 ein Kriegsgefangenenlager. Es wurde erst zehn Jahre später aufgelöst. In den 1930er Jahren wurde dort nach Erdöl gebohrt und seit 1938 wurde in großem Stile Torf abgebaut.

1948 geriet das Moor wieder in den Fokus der Medien. Ein erstaunlich großer Wolf trieb sich dort herum und man lastete ihm 284 Risse von Nutztieren an. 1.500 Jäger und britische Soldaten wurden auf ihn angesetzt. Sein Gebiss hat man ins Archiv gebracht und bis heute gibt es einen Gedenkstein für den »Würger vom Lichtenmoor«.

Ein 236 Hektar großer Bereich im Nordwesten wurde unter Naturschutz gestellt. Trotzdem schmiedete man unter Ministerpräsident Ernst Albrecht Pläne für ein Atomendlager im Lichtenmoor. Demonstrationen verhinderten Probebohrungen am unterirdischen Salzstock und so entschied man sich damals für Gorleben.

Seit 1984/85 wird auf abgetorften Flächen Wiedervernässung und Entkusselung betrieben, was bereits zu neuem Wachstum der Hochmoorvegetation geführt hat.

Die Mooshummel – oder von Blumen und Bienen

Die Hummelkönigin putzte ihre Fühler. Mit den Vorderbeinen strich sie über ihre Mütze, rieb die Augen, bis sie glänzten wie schwarze Spieglein. Mit ihrer Eitelkeit war sie bei anderen Bienenarten nicht wohlgelitten. Anders als ihre Verwandtschaft trug sie zum gelbgrau gestreiften Rock eine extravagante Pelzjacke in Orangerot. Andere Bienen fanden die Lebensform der Mooshummel befremdlich, denn sie bevorzugte Sumpfgebiete und Moore, lebte unter Grasbüscheln oder Moos.

Die Hummel ihrerseits schaute verächtlich auf andere Bienenköniginnen. Nur allzu beflissen warfen sich jene den männlichen Exemplaren ihrer Gattung entgegen. Was fanden die an den tollpatschigen Drohnen so anziehend? Brummbaddel waren die! Klein, gedrungen, dazu kurzlebig.

Doch nun war es Frühling geworden. Da verspürte auch unsere Schöne eine heiße Sehnsucht nach einem Gefährten. Sie träumte von einem echten Kerl. »Wenn du weiter so wählerisch bist, bleibst du eine alte Jungfer«, lästerten die Arbeiterinnen.

Immerhin flog die Hummelkönigin aus, um nach einem geeigneten Refugium für ihre spätere Familie zu suchen. Hoch oben in einem Baum fand sie ein verlassenes Vogelhaus. Welch ein Luxusbungalow! Wie es das Unglück wollte, hatte ein Meisenpaar ebenfalls ein Auge auf die Behausung geworfen. Die Mooshummel schoss aus dem Schlupfloch und trat den beiden mit einem wütenden Summsumm entgegen. Am Ende siegte die Vernunft. Die Hummel wollte dem künftigen Familienglück der Piepmätze nicht im Wege stehen.

Suchend flog sie weiter. Eine Schnuckenherde zog über die Heide. Und da sah sie ihn. Er war das schönste Mannsbild, das sie je gesehen hatte. Stark war er, hatte wache Augen und einen dicken Pelz. Sein gebändertes Gehörn war imposanter als jedes Fühlerpaar. Sie umschwirrte ihn, doch der Widder gab sich unbeeindruckt. Lässig war der! Sie säuselte: »Werter Herr, möchte Er mich wohl ein Stückchen tragen?« Sicher doch, er sei schließlich ein Kavalier: »Aber kein Gekrabbel und Gepiekse, damit das klar ist!«

Das war mal ’ne Ansage. Recht so. Ein Mann muss wissen, was er will. Vergnügt nahm sie auf seinem gehörnten Scheitel Platz. Sie krallte die Gliederfüße um die Stange, surfte mit wehenden Flügeln durch die Heide. Blütenduft umwehte sie. Im Galopp ging es über Baumwurzeln und Bülten. Mal rechts herum, mal links herum.

So verliebt war die Hummelkönigin, dass sie gar nicht bemerkte, wie er gieperig den Schnucken hinterherlief.

Sein Verstand war vernebelt, nur so ließ es sich erklären, dass er auf Abwege geriet. Die Heide ging in das Hochmoor über. Ein Schlammloch wurde dem Widder zum Verhängnis. Der Boden geriet in Schwingung, blubberte, schmatzte. Der Bock verlor den Grund unter den Füßen. Gar so tief war es nicht, doch sein Rudern und Stampfen ließen ihn immer weiter einsinken. Bald war seine Wolle mit Wasser vollgesogen, verklebt von Schlamm. Das Gewicht zog ihn nach unten. Schließlich schaute nur noch sein Kopf aus dem Tümpel. Die Hummel streichelte ihn mit den Fühlern, versprach, ihn in dieser misslichen Lage nicht allein zulassen. Der Schäfer würde sein Fehlen sicher bald bemerken und ihm zu Hilfe eilen.

Doch die Herde war längst weitergezogen. Es dunkelte bereits, niemand hörte sein verzweifeltes Blöken. Sumpfkobolde glucksten, zerrten an seiner Wolle, zogen ihn tiefer und tiefer hinab. Boshaft gnickerten sie. Das Echo verklang über dem blinkenden Wasser. Ürgs, ürgs machten Geisterfrösche und Unken. Eine Fledermaus quiekte ihresgleichen heran, tausend Blutsauger, Vampire der schauerlichsten Art umflatterten sie. Als weitere Todesboten heranschwebten, ließ seine Kraft nach. Der Widderkopf kippte auf die Seite. Schon ließ das Nachtgestirn das Weiß in seinem Auge aufblitzen. Er röchelte.

Die Mooshummel flog zum Nistkasten. Aber, ach, Frau Meise saß schon auf ihrem Gelege, nicht bereit, dieses für eine Rettungsaktion zu verlassen. Familie geht vor. Doch nun kam der Meiserich und ja, er würde helfen. Sie flogen zum Hof von Schäfer Brackebusch und traktierten den Hütehund so lange, bis der begriffen hatte, dass sie ihn an einen besonderen Ort locken wollten. Der Schäfer hatte längst bemerkt, dass sein Bock abgängig war. Geistesgegenwärtig raffte er schnell ein Seil vom Haken. Hummel und Meise flogen voraus, der Schäfer und sein Hund hasteten hinterdrein.

Gerade noch rechtzeitig erreichten sie den jappsenden Bock. Mit all der vollgesogenen Wolle könnte Brackebusch ihn nicht allein aus dem Loch ziehen. Das Vieh war inzwischen so schwach, selbst mit Unterstützung könnte es nicht herausklettern. Da band der Schäfer den Kopf des Tieres stramm an einen Baumstamm, so dass er eben über Wasser blieb. Dann rannte er zurück auf seinen Hof, um den Gaul zu holen. Mit dessen Hilfe gelang die Rettung.

Mit nassem Fell sah der Bock erbärmlich mager aus. Zitternd stand er auf spindeldürren Beinen. Modergeruch stieg von ihm auf. Gepeinigt vom Geschmack des Todes baumelte seine Zunge seitlich aus dem Maul. Die Sumpfkobolde gluckst en: »Schau, so sieht ein gestandener Kerl aus! Gulp, gulp. Das kommt davon, wenn einer blind hinter den Weibern herläuft. Höhöhö.«

Die Morgensonne drang schon durch den Nebel. Erste Insekten schnurrten von Blüte zu Blüte: »Schau, da wächst das Heilkraut Herzgespann. Es hilft sicher gegen Liebeskummer.« Die Mooshummel nahm den Rat an und trank einen tiefen Schluck vom Nektar. In ihrer Gürteltasche sammelte sie allerhand Pollen der Flockenblume. Dieses leckere Frühstück würde sie ihrem Volk bringen.

Sie krabbelte in das Nest unter dem Moosbuckel. Von Traumbungalows und Abenteuern hatte sie genug. Friedliche Drohnen, häuslich und gelassen, waren ja auch nicht das Schlechteste.

Egetrin

Die Sumpfohreule ließ sich auf einem Ast der Eiche nieder. Egetrin beherbergte zwischen ihren Wurzeln, an ihrem Stamm und auf ihren Ästen ein ganzes Universum an Klein- und Kleinstlebewesen. Egetrin hatte Jahrhunderte kommen und gehen sehen. Sie verstand zwischen Gut und Böse zu unterscheiden.

Die Eule kniff ein Auge zu: »Gestern fuhr Sturmwind Jochte mit Wildheit über das Land. Er ließ die Zweige der Bäume herumwirbeln, peitschte allen das Laub ab, legte einige ganz nieder, doch wie ich sehe, hat er dich, liebe Egetrin, verschont.«

Die Eiche seufzte: »Ja, die Tollheit dieses bösen Geistes ist beispiellos. Jochte treibt sein Unwesen, sei es als Wirbelsturm, als Feuersbrunst oder als schlimmer Verführer, der die Menschen zu allerhand Schandtaten verleitet. Hab ich dir einmal erzählt, wie es hier früher aussah? Um das ganze Dorf herum standen Eichen. Wir waren ein ganzer Wald.«

»Ahu, verstehe. Und dann blies Sturmwind Jochte wieder Attacke?«

Egetrin schüttelte sich: »Oh, es war viel perfider. Die Leute aus dem Ort gingen stets ins Moor, um Torf zu stechen. Sie heizten ihre Öfen damit, sie düngten mit ihm ihre Felder. Hier an meiner Seite kamen sie vorbei. Ein jeder trug Spaten und Twicke über der Schulter, sie schoben Holzkarren, um die Torfquader damit heimzutransportieren. Aber anders als unsere vierbeinigen Freunde, ist das Menschenvolk tollpatschig auf feuchtem Grund. Oft kam einer vom Wege ab, viele haben sich im Moor verirrt. Dann fingen sie an Totholz zu sammeln, um sich daraus einen sicheren Pfad durch den Sumpf zu schaffen. Knüppel für Knüppel packten sie auf den matschigen Weg, schlugen Pfosten ein, um Strecken zu markieren.

Jochte lebte damals mitten unter ihnen. Diesmal kam er nicht als Sturm, sondern er gefiel sich als Dorfmeier und Moorvogt. Er meinte, an Bäumen sei hier ja nun kein Mangel. So griffen alle zu Axt und Säge. Sie fällten Eiche um Eiche, um mit den gespaltenen Stämmen ihren Knüppeldamm auszufüttern. Es war entsetzlich mit anzusehen, wie meine Schwestern eine nach der anderen zu Boden krachten. In wenigen Stunden wurde gefällt, was über Jahrhunderte gewachsen war. Am Ende stand ich mutterseelenallein auf weiter Flur. Mich hatten sie als einzige verschont, denn im Schatten meiner Zweige konnten die Leute sich von ihrer mörderischen Arbeit erholen. Ach, Frau Eule! Damals glaubte ich, ein solches Trauma würde sich in meinem Leben kein zweites Mal wiederholen. Wie sehr hatte ich mich da getäuscht.«

»Frau Egetrin, welch Ungemach wartete denn noch auf Euch? Hier scheint doch alles sehr friedlich.«

»Lass dich nicht täuschen! Du bist noch eine sehr junge Eule und hast nicht miterlebt, wie unsere Heimat vor wenigen Jahren in größte Gefahr geriet. Jochte hatte sich den modernen Zeiten gut angepasst. Inzwischen fuhr er im Jeep durch das Dorf. Er liebte es mit den Ratsherren auf die Jagd zu gehen, konnte in der Gemeinde allerhand anstoßen und in die Wege leiten.

Einmal pirschte er gegen Mitternacht mit seinem Jagdhund Lux in das Moor. Der Hund sprang lustig vorweg. Doch kaum hatten sie die Brücke am Entwässerungsgraben überquert, verwandelte sich der brave Lux in einen riesigen Greif. Er wandte sich um, blickte zu mir. Frau Eule, mich schauderte bei dem Anblick. Ich bin eine gestandene Eiche, doch ich zitterte, wie eine Pappel im Nordwind. Die Augen des Ungeheuers waren rot wie Glut, die Pupillen blitzten blauvioletten Flammen gleich daraus hervor. Der gewaltige Rachen tat sich auf und sein Brüllen erschütterte mich bis in die Wurzeln. Obwohl mich eine böse Vorahnung beschlich, trabte Lux am darauffolgenden Tag wieder als harmloser Vorstehhund an Jochtes Seite.

Jochte überredete die Gemeinde, Teile unserer Moorlandschaft an das Militär abzugeben. Von da an schallten Explosionen durch den Wald. Bald war der Boden bar jeder Vegetation, war zerfurcht und von Fahrspuren durchzogen. Statt Vogelgezwitscher vernahm man Männerstimmen, die polternde Befehle gaben. Raketen zischten über das Heidmoor.«

Die Eule drehte ihren Kopf: »Huhu, gut, dass wir nebenan das Naturschutzgebiet haben.«

»Da bist du fein raus, kleine Eule. Wenn es hart auf hart kommt, kannst du einfach wegfliegen. Aber höre, was vor deiner Zeit geschah. Es folgte ein überaus trockener Sommer. Eine Hitzewelle folgte der nächsten. Eine Gewitternacht brachte einen Vorgeschmack auf das Inferno, das der Natur bevorstand. Ein typischer Jochte-Orkan schickte abwechselnd Blitze, Donner und Hagelschauer. Für wenige Minuten beruhigte sich das Unwetter. Schon schüttelte ich meine vor Angst erstarrten Zweige, wollte mich fast entspannen.

Doch Jochte, dem Rauhbein, konnte es ja nie wild genug zugehen. Wieder elektrische Entladungen, Donnerschlag, Schwefelgeruch lag in der Luft. Ein Poltern ertönte am Düker. Der Sturm pfiff dem zottigen Lux um die Ohren, seine Glutaugen schossen Funken in die Luft. An seiner Seite gewahrte ich einen Eber. Auf dem Rücken des Höllenviehs hockte Jochte, traktierte es mit der Peitsche. Grunzend und quiekend raste der Eber mit seiner Last über die

Brücke, sodass die Bohlen unter seinen Klauen zerbarsten. Am nächsten Tag war der Himmel wieder blitzeblank, nichts erinnerte an die Schrecken der Nacht. Auch diesmal konnte ich eine schlimme Vorahnung nicht abschütteln.

Trockenheit und Dürre hielten an. Im Militärgebiet rollte sich das braune Gras zu Kringeln, zerblisterte unter den Soldatenstiefeln. Sie verschossen mit dem Eurocopter Tiger 77 ungelenkte Luft-Bodenraketen. Die flogen über - was rede ich - in das Naturschutzgebiet. Unter dem Raketenbeschuss entwickelte sich ein Moorbrand.«

»Aber das Militär hat doch Löschfahrzeuge?«, warf die Eule ein.

Egetrin spieh es geradezu aus: »Oh ja! Feuerlöschraupe Pistenbully. Sie kann 13.200 Liter Löschwasser transportieren. Wo so ein Koloss durchfräst, ist der Boden hinterher so verdichtet, dass kein Grashalm dort gedeihen kann. Mit dem Löschen wurde es nichts. Das Fahrzeug blieb mit einem technischen Defekt liegen. Ein weiterer Löschzug der Bundeswehr befand sich gerade in der Werkstatt. Wind aus Südwest beförderte den Funkenflug. Der Qualm nahm den Menschen noch in hundert Kilometer Entfernung die Sicht. Endlich kam das Technische Hilfswerk ins Spiel. Zwölf Tage nach Ausbruch des Feuers wurde der Katastrophenfall für den Landkreis ausgerufen. Unser Ort und ein weiteres Dorf sollten sich für eine Evakuierung bereithalten. Mich konnte niemand evakuieren. Ich fürchtete ein drittes Mal um mein Leben. Mit Wärmebildkameras spürten sie unterirdische Glutnester auf. Erst dann konnten sie gezielt löschen.«

Die Sumpfohreule hob die Flügel: »Da hast du großes Glück gehabt, Frau Egetrin.«

»1.000 Hektar Moor waren nicht mehr zu retten. Unser Moor, das Jahrtausende gebraucht hatte, um zu wachsen, war bis in eine Tiefe von sechzig Zentimetern zerstört.«

»Uha, Frau Egetrin, ich bin froh, dass die Menschen unserer Tage nicht so dumm und gewissenlos handeln, wie in deinen Gruselgeschichten.«

»Wovon träumst du nachts, kleine Eule?«

Feuer in der Sprakeler Heide – die Fakten

Tinner Dose – Sprakeler Heide, das ist ein 3.955 Hektar großes Naturschutzgebiet am Rande des Hümmlings. Der Heidebereich ist vollständig eingegliedert in den Schießplatz Meppen. Das Gelände wird von der Wehrtechnischen Dienststelle für Waffen und Munition genutzt. Hier grenzen zwei Naturschutzgebiete aneinander: Tinner- und Stavener Dose und Sprakeler Heide. Zuständig ist der Landkreis Emsland.

Das Hochmoor Tinner und Stavener Dose ist größtenteils entwässert. Abgetorft wurde nur ein äußerer Ring und dort lediglich per Handstich. Seit 1877 wurde wegen der militärischen Nutzung kein

Torf mehr abgebaut. Daher konnte sich eines der größten zusammenhängenden Hochmoorgebiete in Niedersachsen erhalten. Intensiv genutzte landwirtschaftliche Flächen sind die Randbereiche, wo man Feuchtwiesen bewirtschaftet, was eine Pufferzone zum Hochmoor schafft.

Es ist ein ausgewiesenes Vogelschutzgebiet der Europäischen Union mit Brutplätzen seltener Arten. Es finden sich hier Bekassine, der Große Brachvogel, Raubwürger, Neuntöter, Rotschenkel und Schwarzkehlchen.

Auch Amphibien und Reptilien haben ihren geschützten Bereich: Moorfrosch, Kreuzkröte, Schlingnatter und Kreuzotter.

Die Vegetation ist nicht weniger vielfältig und außergewöhnlich. Sumpfbärlapp, Drachenwurz, Schnabelried und Breitblättriges Knabenkraut wachsen dort.

Um den Baumbestand zu unterdrücken, lässt man Przewalski-Pferde in den Randbereichen weiden. Im nördlichen Bereich des Naturschutzgebietes Tinner Dose ist ein vorgeschichtlicher Bohlenweg erhalten.

Diese Artenvielfalt beweist, dass sich militärische Nutzung und Naturschutz nicht unbedingt ausschließen. Militärische Nutzung auf Feuchtwiesen? Man darf skeptisch sein.

Im September 2018 gab es eine Brandkatastrophe. Waren Probeschüsse mit Raketen der Auslöser? Die technische Ausrüstung zur Brandbekämpfung zumindest war nicht ausreichend gewesen, man hatte keine Vorsorge getroffen. Zu spät waren andere Hilfskräfte angefordert worden.

Bei dem Brand wurden 1.000 Hektar Moor zerstört. Der Naturschutzbund schätzte, dass 500.000 Tonnen im Boden gespeichertes Treibhausgas durch das Feuer freigeworden sind. Das Greifswalder Moorzentrum rechnete mit mindestens 80 bis 120 Millionen Euro an Folgekosten. Nicht endgültig geklärt werden konnte, ob Uranbelastung im Boden durch die Munition oder Nitratbelastung durch das Löschwasser noch zu Spätfolgen werden. Mikroorganismen, Pflanzen und Tiere wurden abgetötet und mit ihnen ging ein wertvolles Samenreservoir seltener Arten verloren.

Wie das Salzmoor entstanden ist

Gibt es irgendwo auf der weiten Welt ein Moor ohne Geister? Gute und auch böse, sie alle wirken im Verborgenen. So war das auch mit Pernille und Jochte.

Pernille schwebte an Waldrändern und Feuchtwiesen vorbei. Sie sah ihre Aufgabe darin, die Menschen vor Unheil zu bewahren. Ebenso begab sie sich gern an die Seite gefährdeter Tiere und Pflanzen.

Traf Pernille geschundene, von Gram und Arbeit gebeugte Leute, so fächelte sie ihnen den Wohlgeruch der Natur zu, erfreute ihre Augen mit blühender Vielfalt und bat ihre engsten Vertrauten, die Vögel, sie mit ihrem Gesang zu erfreuen.

Das große Elend dieser Erde legte nahe, dass Pernille diese Aufgaben kaum allein bewältigen konnte. Ihr zur Seite stand ihre reiche Kinderschar. Ein jedes lernte sie an, schickte es aus, für Düfte, Melodien und Farbe, für Licht und Wärme zu sorgen.

Du fragst, woran man Pernille erkannte? Ihre Erscheinungsform wandelte sich. Mal war sie der Schleier im Birkenwald, dann wieder erschien sie als weiße Hirschkuh. Einmal verlief sich ein Mann im Wald und traf ein Großmütterchen, das ihm freundlich den Weg wies. Als sie mit wehenden Röcken entschwand, erkannte er ihren Schwanenfuß.

Pernille liebte all ihre Kinder gleichermaßen, doch ihr jüngstes bedurfte ihrer besonderen Aufmerksamkeit. Es war der Seidenreiher Ruschi. Flügel mit wehenden Schmuckfedern und ein wippender Kopfputz verliehen ihm Anmut. Seine filigrane, schneeweiße Silhouette war ganz so, wie es sich für ein Wesen aus einer anderen Welt gehört.

Seine Art lebte eher in den wärmeren Gefilden, daher musste Pernille ihn oft ermahnen, nicht allzu weit in den kühlen Norden zu fliegen. Es war schwierig, ein Auge auf Ruschi zu haben, denn immer zog es ihn zu den hohen Dünen, zu den grünen Wiesen und zu den schäumenden Wogen des Nordmeeres.

Pernilles größte Sorge war, der kleine Reiher könnte einmal mit Jochte zusammentreffen. Jochtes Lebenselixier war Wettkampf und das Schachern um Macht. Jochte. Er war ein wandelbarer, böser

Geist. Er liebte den Auftritt als Jäger, Kriegstreiber und Kämpfer, kam abwechselnd als Donnerwetter, Feuersbrunst oder Sturmwind daher. Am liebsten verführte er die Menschen im Kostüm eines jovialen, ehrbaren Kaufmannes.

Ruschi lachte nur über die Warnungen seiner Mutter. Wo nur, wo denn bitte sollte er auf seinen harmlosen Ausflügen dem wilden Jochte begegnen?

Gerade verbrachte Jochte seine Zeit in den Küstenstädten an Nord- und Ostsee. Als Großhändler getarnt ermunterte er die einfachen Kaufleute dazu, weltmännisch aufzutreten und ebenso exotische wie elegante Waren feilzubieten.

Mit einigen dieser Handelsleute ging er auf Jagd. In den Auwiesen stakste Ruschi herum. Die Händler luden zum nächsten Jagdausflug auch ihre Damen ein. Tatsächlich, sie riefen: »Ah!« und »Oh!« Und bewunderten den betörend schönen Kopfputz des Vogels. So eine weiße Reiherfeder - könnte man nicht die eigene Hutkrempe damit schmücken? Nein, noch besser, könnte man nicht große Mengen solcher Federhüte in der Hansestadt verkaufen?

Es war Jochte höchstselbst, der die Gesellschaft ermunterte, den Rushi auf's Korn zu nehmen. Flinte hoch, abgedrückt, her mit den schönen Federn!

Pernille war ihrem Kinde gefolgt. Sie war über die Heide geflogen, hatte Geest und Marschlande überquert, um ihn zurückzuholen. Da hörte sie den Knall, die lärmende Gesellschaft, sah Ruschis entblößtes Haupt.

Da flog sie und weinte. Ihre salzigen Tränen tränkten die graue Stadt am Meer, tränkten die Grachten und Storchennester von Friedrichstadt, überschwemmten alle Wiesen und jeden Wald.

Seit jenen Tagen bauten die Menschen Schöpfwerke im Salzmoor.

Murmann

Wenn jemand im Leben viel Leid auf sich geladen hat, wird er im Tode keine Ruhe finden. Auf ewig geht er dann als Schreckgespenst herum. Ein anderer Bösewicht hat zu Lebzeiten schon seine Läuterung erfahren, geht aber trotzdem um. Es mag sich dann um eine selbst auferlegte Sühne handeln. Jener ist nun ein guter Geist, wendet Gefahr ab und verhindert Unheil.

Wenn irgendwo Gespenster waren, dann sicher in jenem weiten Küstenwald, der sich von der Ostsee bis zur Müritz dehnte. Durchzogen von Moorgebieten und versteckten Seen war es ein verwunschenes Land. Verbrecher, Verzweifelte und Verruchte nahmen dort nur zu gern Quartier.

Der Traudel widerfuhr es, wie es Weibern immer geht. Gestern, heute und in hundert Jahren.

Der Kaufmann Siebecke in der großen Stadt am Meer hatte sich das Leben maßvoll eingerichtet, gab nie mehr aus, als sein Geschäft hergab. Sein Sohn Siegmund sollte es doch einmal besser haben. Und das hatte er! Siegmunds Geldkatze war immer gefüllt, so war Bescheidenheit seine Sache nicht. Er gönnte sich manches, auch das eine oder andere Mädel. Wurde es ihm mit der einen zu öd, so stieß er sie fort und wanderte zur nächsten. Das ging immer gut, bis Jungfer Traudel seinen Weg kreuzte. Mit Schmeichelei, Tand und Seide hatte er sie gelockt.

Das Elend überkam die Traudel, als ihr Kleid vorn zu kurz wurde. Und - huch, das Schürzenband - reichte es nicht mehr um die Taille? Da verschwand der Siegmund. Fuhr einfach in die Welt hinaus. Als Magd, der kein Kleid so recht passen mochte, konnte die Traudel nicht mehr arbeiten.

Sie ging weinend in das Moor. Eine schaurige Wildnis war das. Reckte sich dort Hexengebein aus dem Sumpf? Nein, es war der Torfbock. Die knorrigen Wurzeln waren wie Finger gekrümmt, lockten Traudel auf zweifelhafte Pfade.

Schon stand Traudel im Wasser, Schlamm quoll in ihre Holzschuhe. Es roch nach Moder und saurem Torf.

Ganz hineinstürzen wollte sich die Traudel. Da griff ein Kerl nach ihr. Den Hut hatte er tief in das Gesicht gezogen. Der braune Mantel schwebte über dem Wasser. Traudel überkam das Grauen. Schon knickten ihre Knie vor Entsetzen ein. Der Mann fasste galant ihren Ellenbogen, sie kletterten hinauf auf den Weg: »Gestatten, mein Name ist Murmann. Sorge dich nicht. Alles wird gut.« Damit geleitete er sie zu einem hohlen Baum und führte ihre vor Angst erstarrte Hand in den Stamm. Darin ertastete sie eine Kiste. Er half noch den Deckel zu öffnen, murmelte: »Alles ist dein.« Schon war Murmann verschwunden. Traudel gingen die Augen über, denn in dem Kasten blitzten Gold und Silbertaler.

Die gute Frau fand schließlich den Weg zurück in das Dorf. Von ihrem Schatz kaufte sie ein Haus mit einem Garten und einen Ballen Leinwand.

Als Schiffszimmermann Knut in das Dorf kam, bat Traudel ihn, eine Wiege zu bauen. Knut machte das gern. Die Leute vertrauten ihm, ließen ihn hier und dort werkeln. Ein jeder hatte Arbeit für Knut. Er blieb bei Traudel und dem Kind und sie lebten in bescheidenem Wohlstand.

Im Dorf erzählten die Leute von dem Piraten Claas Störtebeker, der hatte auf allen Weltmeeren Handelsschiffe aufgebracht, hatte Reichtümer angehäuft und diese im Moor und in den weiten Wäldern versteckt. Nun hatte man den Kerl und seine Mannen hingerichtet.

»Das Entern eines Handelsschiffes ist ein blutiges Geschäft«, meinte Knut. Störtebeker, sein Kapitän Gödeke Michels und ihre Männer hatten über die Jahre viel Schuld auf sich geladen, doch ein jeder von ihnen, besonders Störtebeker, hatte versucht, den Frevel durch gute Taten wieder auszugleichen. Immer hatten sie den Elenden aus der Not geholfen.

»Hach, wer's glaubt wird seelig. Einmal Verbrecher, immer Verbrecher, so ist das, Schiffszimmermann!« Lachend schlugen die Nachbarn Knut auf die Schulter.

In der Nacht heulte der Wind. Traudel stand auf, um den schlagenden Fensterladen mit dem Sturmhaken zu sichern. Erstaunt gewahrte sie, dass Knut nicht in seiner Schlafbutze lag. Mit der Laterne leuchtete sie in den Hof. Murmann verschwand mit wehenden Mantelzipfeln hinter der Hausecke. Noch einmal drehte er sich um, da meinte sie, das Gesicht von Knut zu erkennen. Er tippte an die Hutkrempe, schon war er fort.

Zu allen Zeiten haben die Menschen ihren Murmann verehrt. Sie werden es noch in hundert Jahren tun.

Danksagung

Viele Menschen haben für uns Texte gesammelt, haben uns mit ihren Kenntnissen unterstützt oder uns auf Exkursionen durch das Moor begleitet. Wir fanden durch sie Inspiration, sie haben unsere Fantasie beflügelt oder die Sachtexte einer wissenschaftlichen Kontrolle unterzogen. Ihnen allen gebührt unser Dank.

Mit unseren Helfern fühlen wir uns eng verbunden, denn mit ihnen teilen wir die Liebe zur Natur.

Worterklärungen

Bülten – hohe Grasbuckel, manchmal auch für Torfquader verwendet
Drohne – männliche Biene
Hagestolz – ein Junggeselle / im »Hegestolterecht« genau definiert: »Een Hoffestolte schall old sein 50 Joar, 3 Monate un 3 Tage.« Die genaue Definition war wichtig; denn war einer als Hagestolz gestorben, fiel all sein Hab und Gut an den Lehnsherrn.
Karnivoren – insektenfressende Pflanzen
Klatergatt – unordentlicher Mensch
Schartheken – Sachen, Klamotten
Torfbock – nicht ganz zersetzter Wurzelstock
Twicke – kurze Hacke

Quellenangabe

Brenken, Anna; Dressler, Fritz: Worpswede und das Teufelsmoor, Hamburg 1996

Das Moor, der Torf, der Mensch – Ein Beitrag zum besseren Verständnis der heutigen Nutzungssituation unserer Moore, ZIT, Hannover

Günther, Jürgen; Schnielewski, Gerd; Terkamp, Heiner: Der Rohstoff Torf, Herausgeber Zentrale Informationsquelle Torf und Humus, ZIT, Hannover 1990

Haft, Jan: DVD – MAGIE DER MOORE, Nautilus Film 2016

Hucker, Bernd Ulrich: Niedersächsische Geschichte, Göttingen 1997

Landesmuseum Natur und Mensch Oldenburg: Das Kind aus der Esterweger Dose, Oldenburg 2010

Landwirtschaft und Ökologie um 1800, S. 11, Museumspädagogische Materialien aus dem Historischen Museum Hannover, Herausgeber Landeshauptstadt Hannover, 2003

Merten, Michaela: Wasser, die Glücksformel für Schönheit und Gesundheit

Mohl, Sönke: Die Macht der Moore. Überall in Deutschland setzt ein Umdenken ein – denn wiedervernässte Gebiete haben großes Potenzial beim Klimaschutz, aus: Die Zeit, 26. Februar 2022

Moor- und Fehnmuseum Elisabethfehn: Ihr Begleiter durch das Moor- und Fehnmuseum Elisabethfehn, Elisabethfehn 2015

Nöth, Michael: Moor und Meer. Otto Modersohn und Zeitgenossen, Ansbach 2017

Ring, Christian: Otto Modersohn. Junge Kunst 16, München 2017

Sixt, Eva: Im Moor. Kiebitz, Frosch und Sonnentau, Zürich 2020

Sonderdruck aus: Der Palmengarten, 54. Jahrgang, Heft 1, Herausgeber Frankfurt am Main, Dezernat für Umwelt, Energie und Brandschutz, 1990

Stephan, Elmar: Das Moor muss nass, Die Zeit drängt: Um die Klimaziele zu erreichen, müssen Tausende Hektar wieder vernässt werden, Cellesche Zeitung, 29.03.2022

Treibhausgas, aus: Der Spiegel, Nr. 2, 08.01.2022

Umweltstiftung WWF-Deutschland: Von wilden Wassern und einsamen Mooren, München 1987

Wenzel, Petra; Klickermann, Christa: Altes Naturheilmittel Moor, Laufen 2003

Register

Cornelia Kenklies
Sagen und Geschichten aus dem Alten Land

128 S., 14,90 Euro
ISBN 978-3-95494-261-9

»Das Alte Land ist reich an Märchen, Anekdoten und Sagen, die zumeist auf Plattdeutsch überliefert sind. Zum Glück haben literarisch begabte Altländer frühzeitig zur Feder gegriffen und uns einen tiefen Einblick in Sitten, Gebräuche und Mentalität hinterlassen.

Aus dieser reichen Quelle durfte ich schöpfen, sammeln, zusammentragen und übersetzen. Wir alle stehen auf den Schultern unserer Ahnen. Ihnen gebührt der Dank. Ohne ihren Fleiß und ihre Heimatliebe hätte dieses Büchlein nicht erscheinen können.«

Cornelia Kenklies

Undine Stiwich
Sagen und Geschichten aus dem Wendland

128 S., 14,90 Euro
ISBN 978-3-95494-287-9

»Das Wendland, das Hannoversche Wendland, liegt im Südosten von Niedersachsen und ist ca. 70 km von Lüneburg entfernt. Diese Region bietet viel Raum für Sagen & Geschichten und auch das Brauchtum ist hier noch lebendig.

Seit vielen Jahren arbeite ich zur Geschichte des Hannoverschen Wendlandes und sammle die Sagen und Volksbräuche, die hier nun veröffentlicht werden.«

Undine Stiwich

Heike Bloom
Karin Sohnemann
Sagen und Geschich ten aus der Lüneburger Heide

128 S., 14,90 Euro
ISBN 978-3-95494-25

Die Autorinnen haben au allen Teilen der Lüneburg Heide Sagen und Geschichten gesammelt, di in diesem Buch neu erzä werden.

»Ein kurzweiliges Buch mit Kurzgeschichten, wie man sie heute auch wie für Besonderheiten in de Heide neu entdeckt hat. Geschichten, die die Fan sie der Leser beflügelt.«

Mathias Zimmermann
(Geschäftsführer Verein NaturschutzPark)